Marian Brandel:

Die deutsche Sprachinsel Oberwischau –

Eine linguistische Untersuchung des Zipser-
Deutschen in Rumänien

Bibliografische Information der Deutschen Nationalbibliothek:
Die Deutsche Nationalbibliothek verzeichnet diese Publikation
in der Deutschen Nationalbibliografie; detaillierte bibliografische
Daten sind im Internet über http://dnb.dnb.de abrufbar.

© 2020 Marian Brandel
Titelfoto und Grafik: Marian Brandel
Herstellung und Verlag:
BoD - Books on Demand, Norderstedt

ISBN: 9783752605396

Danksagung:

Vor allem bedanke ich mich bei meinen beiden Eltern Gaby und Clemens, die mich jederzeit bei dem, wofür ich mich entschied, tatkräftig unterstützt haben. Zudem bei meiner stets geduldigen Partnerin Julia während des Schreibens dieser Arbeit.

Darüber hinaus gilt mein Dank Professor Dr. Matthias Schulz für die herausragende Betreuung.

Ebenfalls bedanke ich mich bei Stephan Gaisbauer und Alfred Fellner für die vielen Quellen, Kontakte und Informationen.

Genauso bedanke ich mich bei meinen Bundesbrüdern, die mir immer mit ihrer Hilfe zur Seite standen.

Inhaltsverzeichnis

IV

V

Abkürzungsverzeichnis:

A.: Autor
ahd.: althochdeutsch
Akk.: Akkusativ
bair./Bair.: bairisch/Bairisch
bair.-österr./Bair.-Österr.: bairisch-österreichisch/ Bairisch-Österreichisch
Bd.: Band
Dat.: Dativ
d.h.: das heißt
dt.: deutsch
ebd.: ebenda
engl.: englisch
et al.: et alii (dt.: und weitere)
evtl.: eventuell
f.: feminin
Gen.: Genitiv
GP: Gewährsperson
gramm.: grammatikalisch
Hg.: Herausgeber (Singular)
Hgg.: Herausgeber (Plural)
J.: Jahr
Jh./Jhs.: Jahrhundert/Jahrhunderts
m.: maskulin
md.: mitteldeutsch
mhd./Mhd.: mittelhochdeutsch/Mittelhochdeutsch
n.: neutral
Nom.: Nominativ
O.: Ort
o.: ohne
o.A.: ohne Autor
o.Ä.: oder Ähnliches
obd.: oberdeutsch
o. Hg.: ohne Herausgeber
o.J.: ohne Jahr

o.O.: ohne Ort
o.S.: ohne Seite
österr.: österreichisch
o.V.: ohne Verlag
o.Vn.: ohne Vorname
OW: Oberwischau
OWs: Oberwischaus
Pers.: Person
Pl.: Plural
Präp.: Präposition
rum.: rumänisch
S.: Seite
Sg.: Singular
sic: so lautet es in der Quelle
slk.: slowakisch
sog.: sogenannt/sogenannte/sogenannten
St.: Sankt
südd./Südd.: süddeutsch/Süddeutsch
tsch.: tschechisch
ung.: ungarisch
V.: Verlag
vgl.: vergleiche
v.H.: von Hundert
Vn.: Vorname

Abbildungsverzeichnis:

Tabellenverzeichnis:

IX

1. Einleitung

In der Linguistik gelten besonders die Viertelzentren als wenig erforscht.[1] Hierzu zählen für das Standarddeutsche Namibia, das Siedlungsgebiet der amerikanischen Mennoniten und Rumänien.[2] Um dieses Forschungsdefizit ein Stück weit zu minimieren und da ich mich in meiner Bachelorarbeit bereits mit dem Deutschen in Namibia auseinandergesetzt habe, widme ich mich in dieser Ausarbeitung einem der beiden anderen Viertelzentren des Deutschen, nämlich Rumänien, explizit der deutschen Sprachinsel in der Stadt Oberwischau, wo das Zipser-Deutsch gesprochen wird.

Ein Grund für meine Beschäftigung mit der dort gesprochenen Varietät ist, dass der linguistische Forschungsstand hierzu, der im nächsten Kapitel aufgezeigt wird, im Gegensatz zu anderen Gegenden in Rumänien relativ dünn ist. So existiert z.b. das Siebenbürgisch-Sächsische Wörterbuch, das bis heute zehn Bände umfasst.[3] Die Sprache in Oberwischau wird dagegen nur am Rande behandelt.

Um diese Lücke, die die Erforschung der Sprache der Oberwischauer Zipser betrifft, mehr zu schließen, und um eine größere Übersicht über diese Varietät zu gewinnen, habe ich dazu Untersuchungen vorgenommen, deren Ergebnisse ich in der vorliegenden Arbeit vorstelle.

Die Ergebnisse wurden mithilfe von empirischen Analysen, zu deren Zweck ich in Oberwischau Interviews geführt hatte, erzielt. Die hierfür angewandten Methoden bilden das dritte Kapitel dieser Arbeit.

Der Forschungsstand wird folglich hiermit erweitert und auch bisherige Resultate in der Literatur hinterfragt.

---

1 Vgl.: Sutter, Patrizia: Diatopische Variation im Wörterbuch. Theorie und Praxis. De Gruyter. Berlin/Boston: 2017. S. 106.
Bemerkung: Was genau unter einem Viertelzentrum zu verstehen ist, wird im Verlauf dieser Arbeit beleuchtet.
2 Vgl.: Kellermeier-Rehbein, Birte: Plurizentrik. Einführung in die nationalen Varietäten des Deutschen. Erich Schmidt Verlag. Berlin: 2014. S. 29 f.
3 Vgl.: Haldenwang, Sigrid: Praume, Käste, Mätsche, Hanf. Altromanische Lehnwörter im Siebenbürgisch-Sächsischen. In: Deutsch in Mittel-, Ost- und Südosteuropa. Geschichtliche Grundlagen und aktuelle Einbettung. Hgg.: Hannes Philipp et Andrea Ströbel. Verlag Friedrich Pustet. Regensburg: 2017. S. 73.

Die Übersicht befasst sich mit Unterschieden in der Phonetik, Lexik, Morphologie, Syntax und Phraseologismen zum bundesdeutschen Standarddeutsch und mit sonstigen Auffälligkeiten im Zipser-Deutschen. Aufgrund des Umfangs dieser Arbeit können sich die Ausführungen nicht auf eine große Feldstudie beziehen. Stattdessen stehen Interviews, die mit sechs Gewährspersonen in Oberwischau geführt wurden, im Vordergrund. Inwieweit sich die dort gesprochene oberdeutsche Varietät Zipser-Deutsch - als solche wurde sie bereits von anderen Linguisten eingeordnet - vom Standarddeutschen unterscheidet und inwiefern Einflüsse von anderen Sprachen, wie des Ungarischen und Rumänischen, ersichtlich sind, wird die Auswertung der Analyse anhand des erstellten Tonmaterials aufzeigen.[4]

---

4 Bemerkung: In dieser Arbeit wird, außer es handelt sich ausschließlich um Frauen, das generische Maskulinum für den Plural von Personen verwendet.

2. Forschungsstand

Die kommenden Abschnitte geben einen Überblick über den bisher erreichten Forschungsstand. Nach dem Analyseteil dieser Arbeit nehme ich anhand meiner Resultate noch einmal Bezug auf die bereits bestehende Forschungslage.

2.1 »Die Mundarten der sogenannten Zipser in Oberwischau« von Thudt und Richter

Als wahrscheinlich ältestes Werk der einschlägigen Literatur über das Zipser-Deutsche aus linguistischer Sicht gilt der 1965 erschienene Aufsatz »Die Mundarten der sogenannten Zipser in Oberwischau« von Thudt und Richter.[5] In dieser relativ kurzen Schrift vergleichen die Autorinnen die zwei damals in Oberwischau gesprochenen deutschsprachigen Varietäten, die sie ‚Zipserisch' und ‚Wischaudeutsch', wobei es sich bei diesem um das heutige Zipser-Deutsch handelt, nennen.[6] In dieser Arbeit widmen sich die Sprachwissenschaftlerinnen auf knapp fünf Seiten dem Vokalismus und Konsonantismus mit Blick auf den Sprachwandel vom Mittelhochdeutschen zum Deutsch der Zipser in der Mitte des 20. Jahrhunderts, auf fast einer Seite jeweils der sog. Satzphonetik und der Wortbildung, untersuchen auf je circa zwei Seiten die Morphologie und die Syntax und auf drei Seiten den Wortschatz der beiden Varietäten.[7] Das Ergebnis dieser Untersuchung in Bezug auf das Zipser-Deutsch lautet, dass sich vor allem ein oberdeutscher Einfluss widerspiegelt, aber auch dass sich das alte Zipserische aus der Slowakei, auf das später noch eingegangen wird, und slawische Sprachen hinsichtlich der Lexik, besonders bei der Fachsprache der Handwerker, und das Ungarische und Rumänische auf das Zipser-Deutsch zu geringem Anteil ausgewirkt haben.[8]

---

5 Thudt, Anneliese et Richter, Gisela: Die Mundarten der sogenannten Zipser in Oberwischau. In: Forschungen zur Volks- und Landeskunde. Band 8/ Nr. 1. o. Hg. Verlag der Akademie der rumänischen Volksrepublik. Bukarest: 1965. S. 27-48.
6 Vgl. ebd.: S. 28.
7 Vgl. ebd.: S. 29-44.
8 Vgl. ebd.: S. 39-44.

3

Im Bereich der Syntax und Morphologie stellen Thudt und Richter den vom Standarddeutschen abweichenden Gebrauch von Präpositionen, das Fehlen eines Artikels zwischen einer solchen Präposition und einem Substantiv und einer bezüglich des Standards unterschiedlichen Rektion der Präpositionen fest.[9] Ebenfalls gehen sie auf die Benutzung des erweiterten Infinitivs ohne *zu* und auf einen nicht der normativen Grammatik entsprechenden Satzbau ein.[10]

Mit einigen Diminutiven belegen sie darüber hinaus eine Differenz zu den standarddeutschen Diminutivmorphemen {chen} und {lein}.[11]

Zudem zeigen sie auf, dass im Zipser-Deutschen gelegentlich andere Flexionsmorpheme bei Pluralbildungen, Adjektiven und Verben gebraucht werden als im Standard.[12] Bei Personalpronomina beschreiben die Autorinnen „die auf den altbairischen Dual zurückgehenden Formen *esz, eŋk* [sic]", die für *ihr* stehen.[13]

Beide Linguistinnen konnten ebenfalls bei den Reflexivpronomen Differenzen zum Standard feststellen, indem sie auf Konstruktionen mit *sich* statt *es* und *uns* sowie auf ein nachgestelltes *wir* in Form von *mər* bei nicht-reflexiven Verben in der 1. Pers. Sg. und Pl. verweisen.[14]

Die bei ihnen festgestellten phonetischen Unterschiede werden nicht an dieser Stelle, sondern, wie ebenfalls die Beobachtungen anderer Linguisten zu diesem Bereich, erst im Anschluss an den Analyseteil aufgezeigt und mit den Erkenntnissen aus der hier vorliegenden Arbeit verglichen.

Allerdings muss darauf hingewiesen werden, dass sich das Zipser-Deutsche, seitdem es von Tudt und Richter untersucht worden ist, auch verändert haben kann. Folglich gebe ich mit meiner Arbeit auch einen aktualisierten Stand dieser Varietät wieder.

---

9 Vgl. ebd.: S. 37.
10 Vgl. ebd.: S. 37 f.
11 Vgl. ebd.: S. 34 f.
12 Vgl. ebd.: S. 35 f.
13 Ebd.: S. 36.
Bemerkung: Für die phonetische Analyse dieser Arbeit wurden andere Zeichen verwendet als bei Thudt und Richter, die sich vermutlich am Teuthonista-Alphabet orientierten. Die für die vorliegende Ausarbeitung verwendete IPA-Tabelle befindet sich in zusätzlichen Abschnitten im Kapitel über die Phonetik.
14 Vgl. ebd.

2.2 »Der Sprachgebrauch der Zipserinnen und Zipser« von Unger

Die im Jahr 2006 an der Universität Wien verfasste Diplomarbeit »Der Sprachgebrauch der Zipserinnen und Zipser« von Unger stellt bis dato wohl die vom Umfang her größte linguistische Arbeit über das Zipser-Deutsche dar.[15] Auf rund 20 Seiten dieser Ausführung fasst die Autorin ihre Ergebnisse zum Vokalismus, Konsonantismus, zur Morphologie und zur Lexik zusammen.[16]

In Bezug auf die Lexik stellt sie fest, dass das Zipser-Deutsch bairische Kennwörter, für den administrativen Bereich rumänische und für Verwandtschaftsverhältnisse ungarische Begriffe enthält.[17]

Bei der Morphologie führt sie drei Besonderheiten im Gegensatz zum Standarddeutschen auf: zum einen ein zusätzliches Präfix {be} bei manchen Verben;[18] zum anderen die schon erwähnten Formen „es" und „eŋk" statt *ihr* und *euch*, wobei letzteres auch statt der Höflichkeitsform *Ihnen* gebraucht werden kann, und das Konstrukt „ge męr", betont „uns ge męr", anstatt „wir gehen".[19]

Für die syntaktisch-semantische Ebene nennt Unger die Beispiele für die Begrüßung und deren Erwiderung „Wos mochst?" und „Wo gehst?".[20] Sie vermutet, dass beide Formeln aus dem Rumänischen stammen.[21]

Zwei Besonderheiten stellt sie auf semantischer Ebene fest: Vermutlich gebrauchen die Oberwischauer Zipser *legen* nach dem rumänischen Vorbild *a pune* auch für 'geben' oder 'stellen'. Ebenso scheint der Sprachgebrauch von *brauchen* an *a trebui* aus dem Rumänischen angelehnt zu sein, da dieses Verb für 'müssen' eingesetzt wird.

Allerdings besteht der Hauptteil bei Unger aus einer soziolinguistischen Untersuchung, bei der die Autorin mithilfe eines Fragebogens erforscht, wer mit wem auf Zipser-Deutsch kommuniziert, weshalb sie sich nicht weiter direkt auf die Merkmale und Phänomene dieser Varietät bezieht.[22]

---

15 Unger, Julia: Der Sprachgebrauch der Zipserinnen und Zipser von Oberwischau. Diplomarbeit. o.V. Wien: 2006 (a).
16 Vgl. ebd.: S. 34-55.
17 Vgl. ebd.: S. 38, 54 f.
18 Vgl. ebd.: S. 52.
19 Ebd.: S. 53.
Bemerkung: Julia Unger verwendet in ihrem Aufsatz Teuthonista als Lautschrift. Da es sich hier um von ihr erhobene und transkribierte Wörter handelt, wurden diese Wörter in Anführungszeichen gesetzt.
20 Ebd.
21 Vgl. ebd.
22 Vgl. ebd.: S. 56-132.

2.3 »Deutsch-deutscher Sprachkontakt in Oberwischau und das südosteuropäische Ausgleichsdeutsch« von Scheuringer

Hermann Scheuringers 2016 erschienener Aufsatz »Deutsch-deutscher Sprachkontakt in Oberwischau und das südosteuropäische Ausgleichsdeutsch« ist in Bezug auf die einschlägige linguistische Literatur mit der aktuellste Forschungsbeitrag.[23] Er bezeichnet die deutschsprachige Varietät in Oberwischau als „einen verkehrssprachlichen Ausgleichs- oder Mischtyp, [sic] und stellt somit einen Vertreter einer *südosteuropäischen deutschen Ausgleichssprache* [sic] dar".[24] Neben Geschichtlichem verweist er sprachwissenschaftlich vor allem auf den bereits zusammengefassten Aufsatz von Thudt und Richter, nennt ebenfalls die dort erwähnten bairischen Einflüsse und präzisiert, indem er das Zipser-Deutsch wie folgt zusammenfasst:[25]

„[D]as heutige Wischauer Deutsch [ist] nicht in die Karpaten transferiertes Bairisch, sondern deutlich auch Teil einer sächsisch dominierten deutschsprachigen Kulturlandschaft von Oberungarn bis Siebenbürgen".[26] Hiermit unterstreicht Scheuringer seine Aussagen über das Zipser-Deutsch als Mischsprache. Als Merkmale für die bairisch-österreichische Prägung nennt er „die gesamt-bairische Hebung, d.h. die Verdumpfung der historischen *a*-Laute, sowie für die Diminuierung mit *l* [und] Sprossvokalformen, z.B. *moring* ‚morgen' [sic], *Weritag* ‚Werktag' [sic]".[27] Ebenfalls führt er den bereits erwähnten Dual mit *es* und *enk* an.[28]

Zu diesem Einfluss zählt er auch das Beibehalten von [r], das im Zipser-Deutschen nicht vokalisiert wird.[29] Zudem spekuliert er über die Einwirkung von osteuropäischen Sprachen und des ursprünglichen Zipserischen, das als Substrat im Zipser-Deutschen, z.B. bei Monophthongen wie [u] und [i] statt wie im Oberdeutschen oft üblich [ua] und [ia], auf die zu untersuchende Varietät gewirkt

23 Scheuringer, Hermann: Deutsch-deutscher Sprachkontakt in Oberwischau und das südosteuropäische Ausgleichsdeutsch. In: Zwischen traditioneller Dialektologie und digitaler Geolinguistik: Der Audioatlas siebenbürgisch-sächsischer Dialekte (ASD). Korpus im Text. Band 2. Hgg.: Thomas Krefeld, Stephan Lücke et Emma Mages. Monsenstein und Vannerdat. Münster: 2016. S. 107-116.
24 Ebd.: S. 108.
25 Vgl. ebd.: S. 111 f.
26 Ebd.: S. 112.
27 Ebd.: S. 113.
28 Ebd.
29 Vgl. ebd.

habe.[30] Darüber hinaus stellt auch er {be} als Präfix vor bestimmten Verben fest und folgert wegen dieser Merkmale, dass das Zipser-Deutsche primär bairischer Provenienz sei, aber eben zusätzlich eine sichtbare Prägung des originären Zipserischen in sich berge.[31]

2.4 »Wischaudeutsch – Besonderheiten einer bairischen Mundart in den rumänischen Waldkarpaten« von Ilk

Der Beitrag »Wischaudeutsch – Besonderheiten einer bairischen Mundart in den rumänischen Waldkarpaten« von Anton-Joseph Ilk befindet sich im gleichen Sammelband wie Scheuringers Aufsatz.[32] In diesem widmet sich Ilk zunächst der Geschichte der Oberwischauer Zipser.[33] Im Anschluss geht er nur kurz auf die Sprache an sich, aber mit sehr ausführlichen Sprachbeispielen aus populärwissenschaftlichen Büchern und einer Aufzählung von Begriffen, die nicht aus dem Standarddeutschen bzw. Oberdeutschen stammen, und deren Bedeutungen ein.[34]

2.5 »Rumänien« von Bottesch

In ihrem Kapitel »Rumänien« zeigt Johanna Bottesch sämtliche Varietäten des Deutschen in Rumänien auf.[35] Allerdings macht das Zipser-Deutsche einen nur sehr geringen Teil dieses Beitrags aus, da sie dem Leser vor allem einen Überblick über die Geschichte, wirtschaftliche Situation, Verteilung von Gruppenspezifika, Sprachmischung und den Sprachgebrauch, ähnlich wie Unger, und über

---

30 Vgl. ebd.: S. 114.
31 Vgl. ebd.: S. 115.
32 Wischaudeutsch – Besonderheiten einer bairischen Mundart in den rumänischen Waldkarpaten. In: Zwischen traditioneller Dialektologie und digitaler Geolinguistik: Der Audioatlas siebenbürgisch-sächsischer Dialekte (ASD). Korpus im Text. Band 2. Hgg.: Thomas Krefeld, Stephan Lücke et Emma Mages Monstein und Vannerdat. Münster: 2016. S. 117-129.
33 Vgl. ebd.: 117-123.
34 Vgl. ebd.: S. 123-128.
35 Bottesch, Johanna: Rumänien. In: Handbuch der deutschen Sprachminderheiten in Mittel- und Osteuropa. Hgg.: Ludwig M. Eichinger, Albrecht Plewina et Claudia Maria Riehl. Narr Francke Attempto Verlag. Tübingen: 2008. S. 329-392.

die Spracheinstellung aller Sprecher gegenüber dem Deutschen als Minderheits-sprache in Rumänien gibt.[36]

2.6 »Åchterholz, Kulíbn und Habóu. Die Fachsprache der Holzarbeiter im Wassertal« von Druckenthaner und Ilk

Neben einer Zusammenfassung von Ungers Ausarbeitung befindet sich im Sam-melband »KARPATENbeeren« der Aufsatz »Åchterholz, Kulíbn und Habóu. Die Fachsprache der Holzarbeiter im Wassertal« von Kurt Druckenthaner und Anton-Joseph Ilk, der, wie der Titel schon verrät, von der Fachsprache der Holz-arbeiter im Wassertal, zu dem eben auch Oberwischau zählt, handelt.[37] Dieser Beitrag bezieht sich allerdings nur auf den genannten Fachwortschatz und zeigt sonst neben der dort verwendeten Lexik keine weiteren linguistischen Erkennt-nisse auf.

2.7 Wörterbücher über die Donauschwäbischen Fachwortschätze von Gehl

Zudem existieren von Hans Gehl vier Wörterbücher über die donauschwäbischen Fachwortschätze.[38] Gehls Wörterbücher sind insofern relevant, als er neben sei-nem Thema, dem donau-schwäbischen Wortschatz, weitere Varietäten des Deut-schen in Rumänien aufführt, worunter auch das Zipser-Deutsche fällt;[39] jedoch ist dieses Nachschlagewerk nicht nach Ortschaften sortiert, weshalb sich nur ge-legentlich bei manchen Fachwörtern das Kürzel für einen Gebrauch in Ober-wischau findet.

---

36 Vgl. ebd.: S. 330.
37 Vgl.: Druckenthaner, Kurt et Ilk, Anton-Joseph: Åchterholz, Kulíbn und Habóu – Die Fachsprache der Holzarbeiter im Wassertal. In: KARPATENbeeren. Bairisch-österreichische Siedlung, Kultur und Sprache in den ukrainisch-rumänischen Waldkarpaten. Hgg.: Stephan Gaisbauer et Hermann Scheuringer. Adalbert-Stifter-Institut des Landes Oberösterreich. Linz: 2006. S. 278-336.
38 Vgl.: Gehl, Hans: Wörterbuch der donauschwäbischen Lebensformen. Franz Steiner Verlag. Stuttgart: 2005. S. 2.
39 Vgl. ebd.: S. 54.

3. Aufbau der Arbeit

Nachdem bereits die aktuelle Forschungslage und die Methoden für die Analyse geklärt wurden, gibt dieses Kapitel einen kurzen Überblick über den weiteren Aufbau der Arbeit.

Das Kapitel über die Methodik gibt Aufschluss darüber, wie die Befragungen und die Analyse des Materials durchgeführt wurden.

Im Anschluss daran steht die Beantwortung der Fragen im Raum, in welchem Umfang das Deutsche außerhalb der Bundesrepublik als Muttersprache gesprochen wird und warum es überhaupt so stark in Rumänien vertreten ist. In diesem Kapitel über Deutsch als plurizentrische Sprache wird auch der Begriff des Viertelzentrums geklärt.

Daran knüpfen Definitionen zu den Themen Sprachinsel, Oberwischauer Zipser und Zipser-Deutsch an, anhand derer im weiteren Verlauf gearbeitet wird.

Der geschichtliche Hintergrund gibt darüber Auskunft, wie die Sprachgemeinschaft der Oberwischauer Zisper entstanden ist, bevor ihre heutige Situation und die ihrer Sprache in Oberwischau, Rumänien und auch in Deutschland aufgezeigt wird.

Die sich anschließenden Analysen hinsichtlich der Phonetik, Lexik, Semantik, Morphologie, Syntax, Phraseologismen und sonstiger Auffälligkeiten zum Standarddeutschen bilden den Hauptteil dieser Arbeit.

An diese Untersuchungsergebnisse schließen sich eine Problemanalyse und der bereits erwähnte Abgleich der Resultate mit dem erörterten bisherigen Forschungsstand an.

Eine kritische Auseinandersetzung, inwieweit Oberwischau eine Sprachinsel des Deutschen darstellt, folgt dem Hauptteil.

Den Schluss dieser Arbeit bildet eine Zusammenfassung der derzeitigen Situation der Oberwischauer Zipser und gibt einen Ausblick auf künftig mögliche linguistische Forschungen in Bezug auf die Varietät des Zipser-Deutschen.

4. Methodik

Für meine Recherche besuchte ich vom 20.08. bis zum 27.08.2018 den rumänischen Ort Oberwischau. Aus diesem Grund sind neben den Audio-Aufnahmen auch eigene Beobachtungen und Erfahrungen in dieser Arbeit enthalten. Mithilfe des Demokratischen Forums der Deutschen in Oberwischau hatte ich dort Kontakte zu deutschsprachigen Zipsern knüpfen können, die mir für Interviews zur Verfügung standen. Alle sechs Gewährspersonen sind in Oberwischau geboren, genauso ihre Eltern. Vier von ihnen waren Männer im Alter von 27, 54, 60 und 75 Jahren, zwei waren Frauen mit 73 und 83 Jahren.

Ich habe mich auf das Auditive als Grundlage für die empirische Analyse deshalb konzentriert, da laut der Aussage von Gewährspersonen Schriftstücke wie Briefe zumeist in einer Mischung aus Zipser-Deutsch und Standarddeutsch geschrieben werden.

Für die Interviews wurden offene Fragen zum größten Teil über alltägliche Gegebenheiten, Arbeiten und zum Thema Essen und Trinken gestellt, da hier eine große Wahrscheinlichkeit besteht, dass jeder der Befragten in der Lage ist, Antworten geben zu können. Der genaue Fragebogen befindet sich im Anhang dieser Arbeit (Anhang 3: Fragebogen und Formblätter, S. 146). Die Fragen sind am „Fragebuch für die bairischen Mundarten in Österreich und Südtirol", besonders hinsichtlich der dort aufgeführten Themen, angelehnt.[40] Mithilfe dieses Fragenkatalogs arbeiten bei ihren Forschungsinterviews auch Linguisten des Adalbert-Stifter-Instituts aus Linz, auf dessen Homepage dieser heruntergeladen werden kann.[41] Bei einer dieser Befragungen durch Stephan Gaisbauer durfte ich selbst anwesend sein, mitwirken und das Material ebenfalls für diese Arbeit verwenden.

Als Methode wurden von mir deshalb offene Fragen gewählt, damit die Interviewten möglichst wenig durch die Sprache des Fragestellers beeinflusst werden und auch selbst viele Wörter nennen, nach denen nicht explizit gefragt wird, um den Umfang des Korpus für die Analyse zu erweitern.

---

40 Patocka, Franz et Scheuringer, Hermann: Fragebuch für die bairischen Mundarten in Österreich und Südtirol. 4., Fassung. o.V. Wien: 1988.
41 URL: https://stifterhaus.at/fileadmin/user_upload/Downloads/FB_LandSAO.pdf.

Die in der Vergangenheit häufig angewandte Fragemethode mit den sog. Wenker-Sätzen erschien aus zwei Gründen nicht als zielführend:[42] Zum einen erhält man bei geschlossenen Fragen zumeist nur ein Wort als Antwort und somit nur eine geringe Anzahl an Sätzen für ein Korpus. Zum anderen besteht das Risiko, die Gewährspersonen mit hochdeutschen Formulierungen, für die man den Ausdruck in der Varietät des Interviewten erhalten möchte, zu beeinflussen. Die aufgezeichneten Befragungen besitzen insgesamt eine Dauer von etwas über neuneinhalb Stunden.

Beim mitgeschnittenen Material lag der Schwerpunkt vor allem auf Termini, die sich vom bundesdeutschen Standarddeutsch unterscheiden, da viele Wörter und deren Aussprache nicht oder nur kaum Differenzen zum Standard aufweisen und zudem ein komplettes Transkript aller Gespräche und deren Analyse den Umfang dieser Arbeit bei Weitem übersteigen würde. Ebenfalls liegt das Augenmerk auf Wörtern, die in Phraseologismen, weiteren festen Wortverbindungen und Sätzen für die Syntaxanalyse enthalten sind. Die verwendete Lautschrift bei den für die Phonetik transkribierten Wörtern richtet sich nach dem IPA, das das »Duden. Aussprachewörterbuch« für das in der Bundesrepublik Deutschland gesprochene Standarddeutsch gebraucht.[43]

Bei der Phonetik wurde das erhobene Korpus wie folgt analysiert: Die transkribierten Termini des Zipser-Deutschen wurden zunächst ihren standarddeutschen, transkribierten Pendants gegenübergestellt. Für die Transkribierung wurde ebenfalls das genannte Aussprachewörterbuch zurate gezogen. Anschließend wurde jedes Wort mit dem standarddeutschen hinsichtlich seiner enthaltenen Phone anhand der IPA-Tabelle des Aussprachewörterbuchs überprüft.

Die realisierten Unterschiede der Phone, die zwischen den standarddeutschen und ihren Entsprechungen im Zipser-Deutschen zu erkennen waren, wurden daraufhin in Tabellen festgehalten und die Wörter nach Phänomenen kategorisiert (vgl. Anhang 1: Tabellen Phonetik, S. 112).

Nicht dem Standarddeutsch zuzuordnende Wörter aus den Interviews wurden an GAT 2 angelehnt verschriftlicht. Ihre Bedeutungen und auch teilweise ihre Herkunft sind bisweilen in den Interviews bereits zur Sprache gekommen. Manche

---

42 Vgl.: Löffler, Heinrich: Dialektologie. Eine Einführung. Gunter Narr Verlag Tübingen. Tübingen: 2003. S. 40.
43 o.A.: Duden. Das Aussprachewörterbuch. Duden Band 6. 6. Auflage. Hgg.: Dudenredaktion. Dudenverlag. Mannheim/Zürich: 2005.

Begriffe wurden aber auch erst im Nachhinein durch Nachfragen bei Sprechern des Zipser-Deutschen erfragt oder durch Wörterbücher geklärt.

Die Wörter und Sätze, die morphologisch und syntaktisch untersucht wurden, stammen ebenfalls aus den geführten Interviews und wurden u.a. mithilfe von Grammatiken auf Unterschiede zum bundesdeutschen Standarddeutsch analysiert.

Die Analyse der Unterschiede zwischen den bundesdeutschen und den zipserdeutschen Phraseologismen und weiteren festen Konstruktionen basiert zum einem auf dem »Synonymwörterbuch der deutschen Redensarten« und zum anderen auf dem eigenen Sprachwissen des Autors als kompetenter Sprecher des Standarddeutschen.[44]

Genaueres zur Methodik findet sich auch in den entsprechenden Kapiteln.

---

44 Schemann, Hans: Synonymwörterbuch der deutschen Redensarten. 2. Auflage. Walter de Gruyter Verlag. Berlin/Boston: 2012.

5. Das Deutsche außerhalb der Bundesrepublik

Die folgenden Abschnitte geben darüber Auskunft, wo auch außerhalb der Bundesrepublik Deutsch als Muttersprache in Erscheinung tritt, wobei diesem Phänomen in Rumänien ein besonderes Augenmerk gilt.

5.1 Deutsch als plurizentrische Sprache

Das Deutsche gilt als sog. plurizentrische Sprache, da es ebenfalls in anderen Ländern als in Deutschland, so u.a. in Österreich und der Schweiz, als Amtssprache gilt:[45] „Zentren einer plurizentrischen Sprache sind allerdings nur diejenigen Länder oder Regionen, die eigene standardsprachliche Besonderheiten herausgebildet haben."[46] Die einzelnen Zentren lassen sich noch einmal in Vollzentren, Halbzentren und Viertelzentren unterscheiden.[47] Im »Variantenwörterbuch des Deutschen« wird ein Vollzentrum wie folgt definiert:

> Von einem Vollzentrum spricht man dann, wenn die standardsprachlichen Besonderheiten in eigenen Nachschlagewerken, vor allem Wörterbüchern, festgehalten und autorisiert sind. Dies trifft für Österreich, die deutschsprachige Schweiz und Deutschland zu, bei denen es sich deshalb um nationale Vollzentren der deutschen Sprache handelt.[48]

Falls eigene anerkannte Wörterbücher und Grammatiken mit ihren sprachlichen Besonderheiten nicht vorhanden sind, bezeichnet man diese deutschsprachigen Staaten oder Regionen als Halbzentren des Deutschen.[49] So sind Liechtenstein, Luxemburg, Ostbelgien und Südtirol Halbzentren des Deutschen.[50]

---

45 Vgl.: Kellermeier-Rehbein, Birte: 2014. S. 5.
46 Ammon, Ulrich et Bickel, Hans et al.: Variantenwörterbuch des Deutschen. Die Standardsprache in Österreich, der Schweiz und Deutschland sowie in Liechtenstein, Luxemburg, Ostbelgien und Südtirol. De Gruyter Verlag. Berlin/New York: 2004. S. XXXI.
47 Vgl.: Kellermeier-Rehbein: 2014. S. 28 f.
48 Ammon, Ulrich et Bickel, Hans et al.: 2004. S. XXXI.
49 Vgl.: Kellermeier-Rehbein: 2014. S. 29.
50 Vgl. ebd.

Viertelzentren unterscheiden sich von den Voll- und Halbzentren insofern, dass die dort gesprochene Sprache „über eine eigene Standardvarietät [verfügt], die zwar in einheimischen Modelltexten verwendet und anerkannt wird, aber keine amtliche Funktion ausübt."[51] Dies trifft nach Kellermeier-Rehbein auch auf Rumänien und das Deutsche zu.[52]

In der Neuauflage des »Variantenwörterbuch des Deutschen« sind für Viertelzentren drei Charakteristika aufgeführt, die sie erfüllen müssen:

> Jedoch handelt es sich nur dann um wirkliche Viertelzentren, wenn es dort auch nationale Varianten gibt, die 1) spezifisch sind für das betreffende Land oder die Minderheit, 2) regelmäßig in örtlichen Modelltexten, vor allem in Zeitungen, vorkommen und 3) von dortigen Sprachnormautoritäten (vor allem LehrerInnen) als für den öffentlichen Sprachgebrauch korrekt anerkannt werden.[53]

Die Erfüllung dieser Kriterien ist laut Ammon anhand von Texten zweifelsfrei für Rumänien nachzuweisen.[54] Es existieren auch andere Einordnungen, da die Grenzen fließend sind und das Phänomen Sprachinsel, dessen Erörterung später noch mithilfe einer Definition stattfindet (vgl.: 6.1 Sprachinsel, S. 19), von manchen Linguisten als Sonderfall behandelt wird.[55] Allerdings ist dies für die Untersuchung des Zipser-Deutschen in der vorliegenden Arbeit nicht von Belang, da die Ausführung des Deutschen als plurizentrische Sprache vor allem zur Veranschaulichung dienen soll, dass nicht nur in Ländern mit Deutsch als Amtssprache eine präsente deutsch-sprechende Sprachgemeinschaft vertreten ist, sondern eben auch in Rumänien, worauf in den nächsten Abschnitten genauer eingegangen wird.

---

51 Ebd.: S. 29.
52 Vgl. ebd.: S. 30.
53 Ammon, Ulrich et Bickel, Hans et al.: Variantenwörterbuch des Deutschen. Die Standardsprache in Österreich, der Schweiz, Deutschland, Liechtenstein, Luxemburg, Ostbelgien und Südtirol sowie Rumänien, Namibia und Mennonitensiedlungen. 2. Auflage. Hg.: Ulrich Ammon et Hans Bickel et al. De Gruyter Verlag. Berlin/Boston: 2016. S. XII.
54 Vgl. ebd.: S. XXXIX f.
55 Vgl.: Scanavino, Chiara: Deutschlandismen in den Lernerwörterbüchern. Peter Lang Verlag. Frankfurt am Main: 2015. S. 13 f.

14

56

Abbildung 1: Rumänien, Skizze historischer Regionen

Heute umfasst Rumänien ein Gebiet von 237.502 Quadratkilometern und besitzt um die 22 Millionen Einwohner, von denen ethnische Minderheiten etwa zehn Prozent ausmachen.[57]

---

56 Eigene Darstellung, 2020. Angelehnt an: Ilk, Anton-Joseph et Schneider, o.Vn.: Rumänien, historische Gebietsbezeichnungen. Politische Karte, o. Maßstab. o. Auflage. In: Zwischen traditioneller Dialektologie und digitaler Geolinguistik: Der Audioatlas siebenbürgisch-sächsischer Dialekte (ASD). Korpus im Text. Band 2. Hgg.: Thomas Krefeld, Stephan Lücke et Emma Mages. Monsenstein und Vannerdat Verlag. Münster: 2016. S. 117.
57 Vgl.: Bottesch, Johanna: Rumänien. In: Handbuch der deutschen Sprachminderheiten in Mittel- und Osteuropa. Hgg.: Ludwig M. Eichinger, Albrecht Plewina et Claudia Maria Riehl. Narr Francke Attempto Verlag. Tübingen: 2008. S. 331.

„Bei der letzten Volkszählung von 2012 bekannten sich noch knapp 40.000 rumänische Staatsbürger dazu", Rumäniendeutsche zu sein.[58] Als Rumäniendeutsche werden die Deutschsprachigen und deren Nachfahren in Rumänien genannt, die früher „Staatsangehörige Deutschlands und Österreich-Ungarns" waren.[59] Aus diesem Grund benutzen viele Autoren auch den Begriff Deutsche, wenn sie über die Deutschsprachigen schreiben. In dieser Arbeit werde ich, wenn keine direkten Zitate verwendet werden, die Beschreibung bzw. Einordnung der Deutsch sprechenden Bewohner Rumäniens als Deutsche vermeiden und sie linguistisch mit deutschsprachig oder Deutschsprachige, womit ihre Muttersprache und nicht Deutsch als Fremdsprache gemeint ist, bezeichnen.

Früher war die Anzahl der Deutschsprechenden in Rumänien weitaus höher als heute. Bevor der Zweite Weltkrieg ausbrach, lebten rund 800.000 Rumäniendeutsche als Minderheit in Rumänien.[60]

Geschichtlich betrachtet haben die Rumäniendeutschen und das Deutsche in Rumänien eine lange Tradition:

Schon seit dem Mittelalter ist das Deutsche im Raum des heutigen Rumäniens präsent.[61]

Besonders in der Zeit nach dem Mittelalter war Deutsch in Ost- und Südosteuropa geläufig und sogar gut vertreten:[62] „spätestens seit unter den Habsburgern Friedrich III. und Maximilian I. Wien für drei Jahrhunderte faktisch die deutsche Hauptstadt geworden war."[63] Ab dem 18. Jahrhundert bis in den Ersten Weltkrieg hinein erstreckte sich die Herrschaft der Habsburger

---

58 Schwartz, Robert: Stichwort: Deutsche Minderheiten in Rumänien. In: Deutsche Welle online. o.O. 2014. o.s. URL: https://www.dw.com/de/stichwort-deutsche-minderheiten-in-rum%C3%A4nien/a-18069831.

59 Thränhardt, Dietrich: Auslandsdeutsche. In: Handwörterbuch des politischen Systems der Bundesrepublik Deutschland. 7. Auflage. Hgg.: Uwe Andersen et Wichard Woyke. Springer Verlag Wiesbaden: 2013. S. 15.

60 Vgl.: Schwartz, Robert: 2014. o.S.

61 Vgl.: Dingeldein, Heinrich J.: Die deutsche Sprache und ihre Erscheinungsformen in Rumänien. In: Sprachinselwelten – The World of Language Islands. Entwicklung und Beschreibung der deutschen Sprachinseln am Anfang des 21. Jahrhunderts. Hgg.: Nina Berend et Elisabeth Knipf-Komlósi. Peter Lang Verlag. Frankfurt am Main: 2006. S. 57.

62 Vgl.: Rein, Kurt: Mundarten und Hochsprache in Südosteuropa und ihre Erforschung unter den besonderen Sprachbedingungen dieses Raumes. In: Deutsche Sprache und Literatur in Südosteuropa – Archivierung und Dokumentation. Beiträge der Tübinger Fachtagung vom 25. - 27. Juni 1992. Hgg.: Anton Schwob et Horst Fassel. Verlag Südostdeutsches Kulturwerk. München: 1996. S. 13.

63 Ebd.

Monarchie bzw. Österreich-Ungarns über weite Teile des heutigen Rumäniens.[64]

65 66

„[D]ie k. u. k. Monarchie [bot] ein Dach für ein mehrsprachiges Leben, zu dessen Bestandteilen nicht zuletzt die deutsche Sprache gehörte".[67] Seit dem Jahr 1921 waren die Grenzen Rumäniens, bis auf kleine Ausnahmen wie die Besetzung Moldawiens, dieselben wie heute.[68] Allerdings unterschied sich die Fläche im Zweiten Weltkrieg wieder etwas, da nordwestliche Teile des heutigen Rumäniens damals zu Ungarn gehörten.[69]

Nach dem Ende des Zweiten Weltkriegs wurden die Deutschsprachigen, anders als in anderen Ländern Europas, nicht vertrieben und es war weiterhin erlaubt, im Schulunterricht und in der Öffentlichkeit andere Sprachen als das Rumänische zu sprechen.[70] Aus diesen Gründen liegt es nahe, dass gegenwärtig in manchen Gebieten immer noch Deutsch gesprochen wird.

Insgesamt zählt man heute zehn deutschsprachige Minderheitsgruppen in Rumänien:[71]

„Zu den Rumäniendeutschen werden die Sathmarer Schwaben, die Landler, die Banater Schwaben, die Banater Berglanddeutschen, die Siebenbürger Sachsen, die Bukowina-, Dobrudscha-, Bessarabien- und die Regatsdeutschen sowie die Zipser gezählt", wobei auf der Gruppierung letzterer der Fokus dieser Arbeit liegt.[72]

---

64 Vgl.: o.A.: Europa – Politische Übersicht. Politische Karte, 1:24.000.000, 1. Auflage. In: Diercke Weltatlas. Hgg.: Westermann Verlag. Westermann Verlag. Braunschweig: 2015. S. 85. Anmerkung: Diese aktuelle Karte mit Rumänien wird ebenfalls für den Vergleich mit den folgenden vier Karten verwendet.

65 Vgl.: o.A.: Österreich und Preußen bis 1795. Politische Karte, 1:10.000.000, 2. Auflage. In: Putzger – Atlas und Chronik zur Weltgeschichte: Hgg.: Cornelsen Verlag. Cornelsen Verlag. Berlin: 2009. S. 174 f.

66 Vgl.: o.A.: Europa in der Zwischenkriegszeit (1919 bis 1939). Politische Karte, 1:15.000.000, 2. Auflage. In: Ebd.: S. 232 f.

67 Eichinger, Ludwig M.: Island Hopping: vom Nutzen und Vergnügen beim Vergleichen von Sprachinseln. In: „Standardfragen": Soziolinguistische Perspektiven auf Sprachgeschichte, Sprachkontakt und Sprachvariation. VarioLingua Band 18. Hgg.: Jannis K. Androutsopoulos et Evelyn Ziegler. Peter Lang Verlag. Frankfurt am Main: 2003. S. 94.

68 Vgl.: o.A.: Revolutionen in Europa 1917 bis 1920. Politische Karte, 1:30.000.000, 2. Auflage. In: Ebd. S. 235.

69 Vgl.: Schwarz, Richard: Der Europäische Raum. Politische Karte, 1:6.000.000, ohne Auflage. Landkarten Handlung und Geographischer Verlag Berlin. Gedruckt in Prag: 1943.

70 Vgl.: Bottesch, Johanna: 2008. S. 343 f.

71 Bemerkung: Bessarabiendeutsche werden von manchen Forschern allerdings zu den Russlanddeutschen gezählt; siehe Dingeldein, Heinrich J.: 2006. S. 66.

72 Boszák, Gizella: Geschichte der Sathmarer Schwaben. In: Germanistische Studien. Band X. Wissenschaftliche Beiträge der Károly Eszterházy Universität für Angewandte Wissenschaften. Hgg.: Mihály Harsányi. Verlag Károly Eszterházy Egyetem. Eger: 2016. S. 55.

Über die Zusammensetzung dieser Gruppen schreibt Dingeldein Folgendes:

> Dabei bilden die Deutschsprachigen Rumäniens zu keiner Zeit einen homogenen sprachlich-ethnischen Körper, sie differenzieren sich vielmehr aufgrund der zu verschiedenen Zeiten erfolgten Zuwanderung, der unterschiedlichen regionalen Herkunft aus dem deutschsprachigen Raum und wegen der wechselnden politischen Zugehörigkeiten in der Vergangenheit in mehrere Gruppen mit jeweils eigener, auch sprachlich-dialektal zu bestimmender Identität.[73]

Aus diesen Gründen existieren also mehrere deutsche Sprachgruppen, die einen eigenen Dialekt besitzen können. Die Gebiete, in denen die aufgezählten Rumäniendeutschen leben, bezeichnet man auch als Sprachinseln.[74] Was man darunter versteht, wird im nächsten Kapitel aufgezeigt.

---

73 Dingeldein, Heinrich J.: 2006. S. 57 f.
74 Vgl.: Isbăşescu, Mihai et Kisch, Ruth et Mantsch, Heinrich: Zu den Merkmalen der gesprochenen Sprache in Rumänien. In: Gesprochene Sprache. Jahrbuch 1972. Hg.: Hugo Moser. Schwann Verlag. Düsseldorf: 1974. S. 229.

6. Definitionen

Die folgenden Abschnitte dienen der Definition von Begrifflichkeiten, die im weiteren Verlauf der Arbeit von besonderer Wichtigkeit sind. Auf diese Definitionen wird u.a. auch bei späteren Folgerungen und Diskussionen aufgebaut.

6.1 Sprachinsel

Zu dem Begriff der Sprachinsel existieren mehrere Definitionen, die im Kern jedoch ziemlich identisch sind. Wiesingers Ausführung beginnt wie folgt: „Sprachinseln sind punktuell oder flächenhaft auftretende, relativ kleine geschlossene Sprach- und Siedlungsgemeinschaften in einem anderssprachigen, relativ größeren Gebiet."[75]

Andere Autoren sprechen bei diesem Phänomen auch von einer Enklave und beschreiben sie als „[d]urch Abwanderung kleiner Gruppen (bes. Bauern, Handwerker, Bergleute) in anderssprachige Gebiete entstandene Siedlungs- und Sprachgemeinschaften, die in ihrer sprachlichen Entwicklung gegenüber dem Herkunftsland relativ konservativ sind."[76]

Aus beiden Definitionen lässt sich also folgern, dass Sprachgemeinschaften, die aufgrund von Zuzug in ein anderssprachiges Umfeld entstehen und ihre ursprüngliche Muttersprache trotzdem behalten, als Sprachinseln zu bezeichnen sind. Allerdings besitzen Sprachinseln heutzutage nur äußerst selten eine räumlich geschlossene Sprachgemeinschaft, da sie vor allem in Gebieten existieren, die ethnisch gemischt sind.[77]

Man unterscheidet in der Forschung zwischen Außen- und Binnensprachinseln, wobei sich letztere nur durch einen anderen Dialekt auszeichnen, die überdachende Hochsprache jedoch im ganzen Gebiet identisch ist.[78] Eine

---

75 Wiesinger, Peter: Deutsche Sprachinseln. In: Lexikon der germanistischen Linguistik. Part 2. Hgg.:
    Hans Peter Althaus, Helmut Henne et Herbert Ernst Wiegand. Max Niemeyer Verlag. Tübingen: 1980. S. 491.
76 o.A.: Enklave. In: Lexikon der Sprachwissenschaft. Hg.: Hadumod Bußmann. Kröner Verlag. Stuttgart: 2008.
    S. 163.
77 Vgl.: Mattheier, Klaus J.: Theorie der Sprachinsel. Voraussetzungen und Strukturierungen. In:
    Sprachinselforschung. Eine Gedenkschrift für Hugo Jedig. Hgg.: Nina Berend et Klaus J. Mattheier. Peter
    Lang Verlag. Frankfurt am Main. 1994. S. 334.
78 Vgl.: Wiesinger, Peter: 1980. S. 491.

Außensprachinsel befindet sich folglich in einem Gebiet, das ganz von einer anderen Sprache und nicht nur von einer anderen Varietät umschlossen ist. Darüber hinaus unterteilt man in der Sprachgeschichte zwischen den „mittelalterliche[n] Sprachinseln des 12.-14. Jhs. [und den] neuzeitlichen seit dem 16. Jh., insbesondere des 18. Jhs."[79].

Eichinger führt zudem als Merkmal einer Sprachinsel an, dass deren Sprachgemeinschaft ihre Sprache über mindestens drei Generationen beibehält.[80]

Inwiefern Oberwischau eine Sprachinsel darstellt und welche weiteren Merkmale einer Sprachinsel diese Stadt erfüllt, wird in dem Kapitel nach dem Hauptteil ausgeführt (vgl.: 11. Diskussion: Oberwischau als Sprachinsel, S. 95).

Bei Sprachinseln ist in der Regel festzustellen, dass deren Sprecher die Kontaktsprache des Umlands mit in ihren Sprachgebrauch aufnehmen und ihre Muttersprache teilweise an diese assimilieren.[81] Die Erörterung einer solchen Assimilation findet sich ebenfalls im Hauptteil wieder und zeigt auf, inwieweit sich die Sprache der Oberwischauer Zipser an das Rumänische bzw. an das Ungarische und weitere osteuropäische Sprachen anpasst.

Außerdem können bisweilen auch ältere Sprachzustände anhand von Sprachinseln rekonstruiert werden.[82] In der vorliegenden Ausarbeitung liegt allerdings eine synchrone, gegenwärtige und keine diachrone Sprachbetrachtung vor, da das Zipser-Deutsche mit dem bundesdeutschen Standarddeutsch verglichen wird, weswegen in Bezug auf die Lexik und die Herkunft der verwendeten Wörter der historische Aspekt nur am Rande betrachtet wird.

Die Gründe dafür, weshalb Sprachinseln entstanden sind oder noch entstehen, können unterschiedlich sein: Zum einen geht man davon aus, dass die Siedler aus Existenzangst aus ihrem Herkunftsland geflüchtet sind, zum anderen, dass ihnen eigener Grundbesitz, höherer Gewinn durch ihre Arbeit, mehr Grundrechte und Freiheiten im Ausland zugesichert wurden bzw. werden.[83]

Obwohl Sprache nicht isoliert von kulturellen und sozialen Hintergründen betrachtet werden kann, werden diese Zusammenhänge weitestgehend

---

79 Wiesinger, Peter: 1980. S. 491.
80 Vgl.: Eichinger, Ludwig M.: 2003. S. 83 f.
81 Vgl. ebd.: S. 84.
82 Vgl.: Wiesinger, Peter: 1980. 493.
83 Vgl.: Wiesinger, Peter: 1980. S. 492.

unberücksichtigt bleiben, da die vorliegende Arbeit primär dialektologisch und nicht soziolinguistisch angelegt ist.[84]

Diese Ausführungen zu dem Begriff der Sprachinsel sollen vorerst genügen. Eine Betrachtung hinsichtlich Oberwischaus befindet sich, wie bereits erwähnt, im Anschluss an den Analyseteil der Arbeit.

6.2 Die Oberwischauer Zipser

Bei den Oberwischauer Zipsern handelt es sich um die deutschsprachige Bevölkerung in der Stadt Oberwischau.[85] Diese Zuordnung ist nötig, denn es existiert auch eine Volksgruppe, die aus dem Gebiet der heutigen Slowakei stammt und ebenfalls Zipser genannt wird.[86] Aus diesem Grund und um eine Verwechslungsgefahr auszuschließen, bezieht sich die Bezeichnung Zipser, falls sie nicht weiter im dazugehörigen Satz definiert wird, in dieser Arbeit immer auf jene aus Oberwischau.

Was es mit den Zipsern aus der Slowakei auf sich hat und woher der Name stammt, wird später noch aufgezeigt (vgl.: 7.1 Geschichtlicher Überblick über die Zipser in Oberwischau, S. 24).

Im Übrigen nennen sich die deutschsprachigen Bewohner Oberwischaus selbst Zipser, was u.a. anhand der Bücher und Beiträge des in OW[87] geborenen Priesters und Ethnologen Anton-Joseph Ilk ersichtlich ist.[88] Darüber hinaus kann man sie auch als Wischauer bezeichnen.[89]

Die Stadt Oberwischau heißt auf Rumänisch Vişeu de Sus, auf Ungarisch Felsővisó und wird von ihren Einwohnern im Deutschen daher auch einfach Wischo genannt.[90] Sie befindet sich „im Nordwesten des Landes, in der Maramureş, [und umfasst] heute etwa 19.000 Einwohner".[91] Um die Lage

---

84 Vgl.: Eichinger, Ludwig M.: 2003. S. 84 ff.
85 Vgl.: Ilk, Anton-Joseph: 2016. S. 120.
86 Vgl.: Fausel, Erich: Das Zipser Deutschtum. Geschichte und Geschicke einer deutschen Sprachinsel im Zeitalter des Nationalismus. Verlag von Gustav Fischer. Jena: 1927. S. 1 ff.
87 Bemerkung: Ab hier wird Oberwischau fast nur noch mit OW bzw. OWs für Oberwischaus abgekürzt.
88 Vgl.: Ilk, Anton-Joseph: 2016. S. 117-129.
89 Vgl.: Scheuringer, Hermann: 2016. S. 107.
90 Vgl. ebd.
91 Ebd.

Oberwischaus zu veranschaulichen, befindet sich im Kapitel über Deutsch in Rumänien eine Landkarte, auf der Oberwischau als Punkt in der Maramureș eingezeichnet ist (vgl. Abbildung 1: Rumänien, Skizze historischer Regionen, S. 15). Die Maramureș heißt im Deutschen auch ‚Marmarosch‘ oder wird schriftlich als Maramuresch realisiert.[92] An das Komitat Maramuresch grenzen im Westen Ungarn, im Norden die Ukraine, im Osten das rumänische Komitat Bukowina (rum. Bucowina) und im Süden die ebenfalls rumänischen Komitate Siebenbürgen (rum. Transilvania) und das Kreischgebiet (rum. Crisana) an.[93] Oberwischau liegt hierbei im Nordosten der Maramuresch.[94]

Da es sich bei dieser Ausarbeitung um eine sprachwissenschaftliche handelt und, wie Dingeldein auch in seinem Zitat zu Deutsch in Rumänien andeutet, keine ethnisch hermetische Zuwanderung existiert, wird im weiteren Verlauf nicht diskutiert, ob es sich bei den Oberwischauer Zipsern um eine Ethnie handelt. Sie werden daher hier lediglich als eine Sprachgemeinschaft betrachtet.

6.3 Das Zipser-Deutsche

Wie bei der Bezeichnung für die Oberwischauer Zipser muss ebenfalls bei ihrer Sprache genau festgelegt werden, welche Terminologie man wählt, um etwaige Missverständnisse zu vermeiden.

In der Literatur kursieren unterschiedliche Bezeichnungen, die anscheinend die Sprache der deutschsprechenden Oberwischauer bezeichnen, was zu Verständnisproblemen führen kann.

In ihrem Aufsatz zur Sprache der Oberwischauer Zipser nennen Thudt und Richter die in dieser Arbeit zu untersuchende Sprache ‚Wischaudeutsch‘.[95] Ilk wählt ebenfalls diesen Ausdruck.[96] Allerdings handelt es sich bei Wischau, wie

---

92 Vgl.: Lăzărescu, Ioan: Rumäniendeutsch – eine eigenständige, jedoch besondere Varietät der deutschen Sprache. In: Vielfalt, Variation und Stellung der deutschen Sprache. Hgg.: Karina Schneider-Wiejowski, Birte Kellermeier-Rehbein et Jakob Haselhuber. De Gruyter Verlag. Berlin/Boston: 2013. S. 372.
93 Vgl.: Ilk, Anton-Joseph et Schneider, o.Vn.: Rumänien, historische Gebietsbezeichnungen. Politische Karte, o. Maßstab. o. Auflage. In: Zwischen traditioneller Dialektologie und digitaler Geolinguistik: Der Audioatlas siebenbürgisch-sächsischer Dialekte (ASD). Korpus im Text. Band 2. Hgg.: Thomas Krefeld, Stephan Lücke et Emma Mages. Monsenstein und Vannerdat Verlag. Münster: 2016. S. 117.
94 Vgl. ebd.
95 Thudt, Anneliese et Richter, Gisela: 1965. S. 28.
96 Vgl.: Ilk, Anton-Joseph: 2016. S. 117.

22

unter anderem Wiesinger feststellt, um eine andere deutsche Sprachinsel, die sich im heutigen Tschechien befindet.[97] Begriffe wie ‚Wischaudeutsch' oder ‚Wischauer Deutsch' können folglich irreführend sein.

Die deutschsprachigen Oberwischauer selbst, besonders die jüngeren, nennen ihre Sprache ‚Zipserisch'.[98] Die älteren Bewohner verstehen jedoch darunter die ursprüngliche Varietät von den aus der Zips Stammenden, wodurch Missverständnisse durch die Bezeichnung zwischen den Generationen auftreten können.[99] Letzteres wird laut der Bewohner OWs daher oft auch ‚Alt-Zipserisch' genannt.[100] In OW scheint es heutzutage aber ausgestorben zu sein.[101]

Hieraus wird ersichtlich, dass die Bezeichnung der deutschen Varietät der Oberwischauer Zipser nicht unproblematisch ist und daher ein geeigneter Begriff gebraucht werden muss. Ich entscheide mich für die Bezeichnung ‚Oberwischauer Zipser-Deutsch', was im Folgenden lediglich als ‚Zipser-Deutsch' abgekürzt wird, da sich die Sprachgemeinschaft der Zipser aus Oberwischau, wie bereits dargelegt, ebenfalls so nennt.

Zudem ist eine Sprache nicht an einen Ort selbst, sondern vielmehr an die Sprachgemeinschaft, die dort lebt oder die dort gelebt hat, gebunden. Auch sprechen nicht alle Bewohner von Oberwischau Deutsch, geschweige denn Zipser-Deutsch, falls sie einen rumänischen oder ungarischen und eben keinen deutschsprachigen Hintergrund besitzen.

---

97 Vgl.: Wiesinger, Peter: Phonetisch-phonologische Untersuchungen zur Vokalentwicklung in den deutschen Dialekten. Band 1 – Die Langvokale im Deutschen. De Gruyter Verlag. Berlin: 1970. S. 147.

98 Vgl.: Unger, Julia: Der Sprachgebrauch der ZipserInnen von Oberwischau. In: KARPATENbeeren. Bairisch-österreichische Siedlung, Kultur und Sprache in den ukrainisch-rumänischen Waldkarpaten. Hgg.: Stephan Gaisbauer et Hermann Scheuringer. Adalbert-Stifter-Institut des Landes Oberösterreich. Linz: 2006 (b). S. 359.

99 Vgl. ebd.

100 Vgl. ebd.

101 Vgl.: Scheuringer, Hermann: 2016. S. 111.

7. Die Sprachgemeinschaft der Zipser in Oberwischau

Die folgenden Kapitel handeln von der Geschichte der Zipser und deren gegenwärtiger Situation. Da diese Arbeit keine ethnologische Zielsetzung hat, wird im Folgenden auf eine Erörterung verzichtet, ob die Zipser eine Ethnie/Volksgemeinschaft darstellen oder nicht. Sie werden daher sprachsoziologisch als eine Sprachgemeinschaft betrachtet. Unter einer Sprachgemeinschaft versteht man „eine Gruppe, deren Mitglieder mindestens eine einzige Sprachvarietät und die Regeln für deren angemessenen Gebrauch gemeinsam haben".[102]
Die Sprache, die in diesem Fall für die Sprachgemeinschaft der Oberwischauer Zipser relevant ist, ist das Zipser-Deutsche, auch wenn diese Gemeinschaft größtenteils oder sogar in Gänze ebenfalls das Standarddeutsche beherrscht.

7.1 Geschichtlicher Überblick über die Zipser in Oberwischau

Zwei große Einwanderungswellen an Deutschsprachigen hat das Gebiet des heutigen Territoriums Rumäniens in seiner Geschichte zu verzeichnen.[103] „Die erste begann 1141 und die zweite am Ende des 18. Jahrhunderts".[104] Wie im Folgenden ersichtlich wird, spielten beide Zeiträume für Oberwischau eine Rolle, auch wenn das 18. Jahrhundert für die Entstehung der Oberwischauer Zipser von größerer Bedeutung ist. Dieser geschichtliche Überblick konzentriert sich v.a. auf das Deutsche, die Deutschsprachigen und geht nur bedingt auf die politischen Umstände ein.

7.1.1 Das 14. bis Ende des 17. Jahrhunderts

Urkundlich tritt der Name Wischau als Ort in Rumänien 1365 zum ersten Mal in Erscheinung, wobei hiermit das heutige Unter- und Mittelwischau gemeint

---

102 Fishman, Joshua A.: Eine interdisziplinäre sozialwissenschaftliche Betrachtung der Sprache in der Gesellschaft. Max Hueber Verlag. München: 1975. S. 32.
103 Vgl.: Scanavino, Chiara: 2015. S. 27.
104 Ebd.

war.[105] „Es wird jedoch vermutet, daß [sic] sich bereits 1143 Bergleute aus Sachsen in [...] Oberwischau [...] niedergelassen und den Bergbau begründet haben".[106]

Durch einen rasanten Anstieg der Einwohnerzahl von Unter- und Mittelwischau begannen die Bewohner den 1549 zum ersten Mal in einer Urkunde erwähnten Ort Zwischenbach zu bewohnen, der später zu einem Teil OWs wurde.[107]

Der Name ‚Oberwischau' stammt mit hoher Wahrscheinlichkeit von dem Fluss ‚Wischau', in den der Fluss ‚Wasser' in Oberwischau mündet.[108]

„1570 war die Marmarosch Siebenbürgen angegliedert worden".[109] Ungefähr von dieser Zeit an bis 1691 war Siebenbürgen unter der osmanischen Herrschaft in Südosteuropa ein selbstständiges Fürstentum.[110]

Jedoch muss darauf hingewiesen werden, dass die deutschsprachigen Bewohner Oberwischaus nicht als Siebenbürger oder Karpatendeutsche gelten.[111]

7.1.2 1691 bis 1800

„Der schrittweise Verlust der sächsischen Sonderrechte begann mit dem Übergang Siebenbürgens unter österreichische Herrschaft (1691)".[112] „Im Zuge der Kolonisierung Südosteuropas [...] wurde auch die Marmarosch, das drittgrößte ungarische Komitat der österreichisch-ungarischen Monarchie, von deutschsprachigen Kolonisten besiedelt".[113]

Nachdem diese Besiedelung unter Karl VI. begonnen hatte, wurde sie unter

---

105 Vgl.: Schmitzberger, Gertraude: Die Entstehung des Waldwesens im Wassertal. Verlag Haus der Heimat. Nürnberg: 2014. S. 33.
106 Stephani, Claus: Zipser Mära und Kasska. N. G. Elwert Verlag. Marburg: 1989. S. 20.
107 Vgl.: Stephani, Claus: Oberösterreicher in der Maramuresch. In: Jahrbuch des Oberösterreichischen Museralvereins. Bd. 115, 1. Abhandlung. Hgg.: Oberösterreichisches Landesmuseum. o.V. Linz: 1970. S. 212.
108 Vgl.: Ilk, Anton-Joseph: Die mythische Erzählwelt des Wassertales. Rolle und Funktion phantastischer Wesen im Leben der altösterreichischen Holzknechte, dargestellt in ihren mündlich überlieferten Erzählungen aus den Waldkarpaten. Adalbert-Stifter-Institut des Landes Oberösterreich. Linz: 2010. S. 66.
109 Scheuringer, Hermann: 2016. S. 107.
110 Vgl.: Bottesch, Johanna: 2008. S. 336.
111 Vgl.: Scheuringer, Hermann: 2016. S. 107.
112 Bottesch, Johanna: 2008. S. 336.
113 Ilk, Anton-Joseph: 2016. S. 117.

Maria Theresia ab 1744 u.a. auch im Karpatenland fortgeführt.[114] So auch in Deutsch-Mokra, wo Holz- und Salzminenarbeiter gebraucht wurden.[115] Eben aus dieser Siedlung kamen 1776 nach circa vier Jahrhunderten erneut deutschsprachige Einwanderer in das Gebiet des heutigen OW.[116] 1778 wanderten weitere Siedler ein, die drei Jahre zuvor aus dem österreichischen Salzkammergut gekommen waren und zunächst die genannte Kolonie Deutsch-Mokra im Theresiental gegründet hatten.[117]

Für das Gebiet des Salzkammerguts gibt es keine einheitliche geographische Definition.[118] Allerdings „versteht man allgemein [darunter] ein Seengebiet in den nordöstlichen Ostalpen. [...] Nur in hydrographischer Hinsicht bildet es eine Einheit: [E]s ist das Einzugsgebiet der Traun bis zum Austritt der Traun ins Alpenvorland".[119] Jedoch existiert der historische Begriff des alten Salzkammerguts und der erneuerte Begriff, der weiter gefasst wird.[120] In allen mir vorliegenden Schriftstücken zu Oberwischau wurde nicht explizit darauf hingewiesen, welcher von beiden gemeint ist. Aus diesem Grund nenne ich hier die Gemeinden, die auch in der eben zitierten Quelle aufgeführt sind und daher als Herkunftsort der Einwanderer infrage kommen[121]:

Altaussee, Altmünster, Attersee, Bad Aussee, Bad Goisern, Grundlsee, Bad Ischl, Ebensee, Fuschl am See, Gmunden, Gosau, Hallstatt, Hof, Innerschwand, Mitterndorf im steirischen Salzkammergut, Mondsee, Nußdorf, Oberhofen am Irrsee, Obertraun, Pichl bei Aussee, St. Gilgen, St. Lorenz, St. Wolfgang, Schörfling, Seewalchen, Steinbach, Strobl, Tauplitz, Thalgau, Tiefgraben, Traunkirchen, Unterach, Weyregg und Zell am Moos.[122]

---

114 Vgl.: Rein, Kurt: Rumänisch-Deutsch. In: Kontaktlinguistik. Ein internationales Handbuch zeitgenössischer Forschung. 2. Halbband. Hgg.: Hans Goebl et Peter H. Nelde et al. Walter de Gruyter Verlag. Berlin/New York: 1997. S. 1472.
115 Vgl.: Schmitzberger, Gertraude: 2006. S. 241.
116 Vgl.: Ilk, Anton-Joseph: Zipser Volksgut aus dem Wassertal. N.G. Elwert Verlag. Marburg: 1990. S. 16.
117 Vgl.: Ilk, Anton-Joseph: 2016. S. 118 f.
118 Vgl.: Heller, Wilfried: Der Fremdenverkehr im Salzkammergut. Studie aus geographischer Sicht. Heidelberger Geographische Arbeiten. Heft 29. Hgg.: Gottfried Pfeifer et Hans Graul. Selbstverlag des Geographischen Instituts der Universität Heidelberg. Heidelberg: 1970. S. 6.
119 Ebd.
120 Vgl. ebd.: S. 7.
121 Bemerkung: All diese Gemeinden werden direkt in der Quelle genannt. Aus Gründen der Übersichtlichkeit verzichte ich an dieser Stelle bei der Aufzählung der Orte, die hier im Gegensatz zur Studie alphabetisch geordnet sind, auf Anführungs- und Auslassungszeichen.
122 Ebd.: S. 8.

Bei den neuen Bewohnern OWs handelte es sich um „fünfundzwanzig, meist kinderreiche Familien aus Gmunden; ihnen folgten 1785 weitere fünfundzwanzig Familien aus Ischl, Ebensee und Umgebung (Oberösterreich)".[123] Zudem wird vermutet, dass 1784 Familien aus Bayern zugezogen seien.[124]

Die Siedler waren ursprünglich angeworben worden, um als Holzfäller Wald zum Bauen von Flößen zu roden, damit mit diesen das aus der Region abgebaute Salz abtransportiert werden konnte.[125] Oberwischau wurde deshalb 1778 als ein weiterer Siedlungspunkt ausgewählt, „da [die dortigen Flüsse] die Wasser (rum. Râul Vaser, ung. Vászer folyó) und die Wischau (rum. Râul Vişeu, ung. Visó folyó) ebenfalls optimale Voraussetzungen für das Flößen gewährleisteten".[126] Zudem handelte es sich um mit Bäumen dicht bestandene Wälder, die Waldarbeitern und Flößern genügend Rohstoffe für ihre Arbeit lieferten.[127]

Im Wassertal erhielten die Salzkammergut-Kolonisten ab 1796, also ca. 20 Jahre später, Zuzug von Arbeitskräften aus der Zips, einer deutschen Sprachinsel im östlichen Vorland der Hohen Tatra in der Slowakei, die damals ebenfalls Teil der Monarchie war und Oberungarn (ung. Felvidék) genannt wurde.[128]

Insgesamt handelte es sich hierbei um 55 Arbeiter, von denen manche jedoch aufgrund der harten Arbeitsbedingungen wieder weiterzogen.[129]

Trotz ihrer geringen Anzahl, die sie laut den kirchlichen Aufzeichnungen der Gemeinde im Gegensatz zu den anderen Bewohnern darstellten, wurde nach ihnen, also den Zipser Sachsen, die komplette deutschsprachige Bevölkerung in OW Zipser genannt, was bis heute beibehalten wurde.[130]

Da der Name bzw. das Volk der Zipser ursprünglich aus der Region der heutigen Slowakei stammt, muss an dieser Stelle erwähnt werden, dass, falls keine andere Eingrenzung stattfindet, mit diesem Begriff in der vorliegenden Arbeit immer

---

123 Ilk, Anton-Joseph: 1990. S. 16.
124 Vgl.: Flesch, Ferdinand: Die Zipser von Oberwischau. In: Sathmarer Heimatbrief. Mitteilungen der Landsmannschaft der Sathmarer Schwaben. Jahrgang 16. Oktober 1977. Heft 5. Hgg.: Landsmannschaft der Sathmarer Schwaben in Deutschland. Verlag Rieder-Druck. Kempten: 1977. S. 1.
125 Vgl.: Schmitzberger, Gertraude: Beiträge zur Organisation der Waldwirtschaft in der Marmarosch. In: KARPATENbeeren. Bairisch-österreichische Siedlung, Kultur und Sprache in den ukrainisch-rumänischen Waldkarpaten. Hgg.: Stephan Gaisbauer et Hermann Scheuringer. Verlag des Adalbert-Stifter-Instituts des Landes Oberösterreich. Linz: 2006. S. 241.
126 Ilk, Anton-Joseph: 2016. S. 119.
127 Vgl.: Unger, Julia: 2006 (a). S. 12.
128 Ilk, Anton-Joseph: 2016. S. 120.
129 Vgl.: Ilk, Anton-Joseph: 1990. S. 16.
130 Vgl.: Ilk, Anton-Joseph: 2016. S. 120.

die rumänischen Zipser aus Oberwischau gemeint sind. So verhält es sich auch mit dem adjektivisch gebrauchten Ausdruck Zipser bzw. Zipserisch, mit dem auf ihre Sprache hingewiesen wird.

In den 1790er Jahren gab es zwei Schulen für die deutschsprachige Bevölkerung in OW und es wurde in der Folgezeit für sie eine römisch-katholische Gemeinde gegründet.[131] Im Jahr 1810 erlangte deren Pfarrei schließlich den kirchenrechtlichen Status.[132]

7.1.3 Das 19. Jahrhundert

„Im Jahr 1801 wurde eine Holzbrücke über den Wasserfluß [sic] gebaut, sie stellte die erste Verbindung zwischen den beiden Siedlungen „Taitsche Reih" [sic] und „Zipserreih" [sic] [...] her."[133] Beide Gruppen waren zum einen wohnlich voneinander getrennt, da in der erstgenannten Siedlung ursprünglich die Oberösterreicher, in der zweitgenannten die Fachkräfte und deren Familien aus der Zips angesiedelt worden waren und zum anderen Seite familiär, da bis dahin zwischen beiden Seiten Mischehen ausblieben.[134] „[A]n dem rechten Ufer des Wasserflusses" befindet sich die Zipserreih.[135] Geographisch bedeutet dies nordwestlich des Flusses. Die Taitsche Reih wurde auf der anderen Uferseite errichtet.[136]

„Die beiden letzten größeren Einwanderungsgruppen trafen 1812 aus Hobgarten (Zips) und 1829 aus Kirchdrauf (Spišska Kapitula), Karpfen (Krupina), Großschützen (Velké Levare) und aus anderen Ortschaften im Wassertal ein."[137] Anfang des 19. Jahrhunderts gab es immer wieder große Streitigkeiten zwischen den Gruppen aus Oberösterreich und der Zips, die erst gegen Ende des

131 Vgl.: Schmitzberger, Gertraude: 2006. S. 273.
132 Vgl.: Ilk, Anton-Joseph et Traxler, Johann: Geschichte des deutschen Schulwesens von Oberwischau. Verlag Haus der Heimat. Nürnberg: 2009. S. 42.
133 Stephani, Claus: 1989. S. 20.
134 Vgl. ebd.
135 Stephani, Claus: 1970. S. 217.
136 Vgl. Scheuringer, Hermann: 2016. S. 111.
137 Ilk, Anton-Joseph: 1990. S. 16.

19. Jahrhunderts beigelegt wurden.[138] Die maximale Anzahl der Deutschsprachigen „betrug im höchsten Falle während des 19. und 20. Jahrhunderts etwa 6000".[139] Hierbei muss allerdings erwähnt werden, dass nicht nur die Zipser, sondern auch eine größere Anzahl an Juden, die ab 1840 nach OW eingewandert waren, als Muttersprache Deutsch hatten.[140] Ihre genaue Zahl konnte hier nicht ermittelt werden.

Um 1850 herum siedelten sich immer mehr Menschen aus unterschiedlichen Ländern an: „Oberwischau beheimatete außer Deutschen, Österreichern, Zipsern, Rumänen und Ukrainern auch ungarische, armenische, polnische und slowakische Einwohner, die ein friedliches Miteinander pflegten".[141] Trotzdem kam es nicht zu einer starken Vermischung der Ethnien, sodass die Bevölkerungsgruppen ihre eigene Sprache, Religion und Traditionen weitestgehend beibehielten.[142]

Für die 1870er Jahre ist nachgewiesen, dass der Unterricht in den Schulen sowohl auf Deutsch als auch auf Ungarisch gehalten wurde und dass aufgrund von knappen Kapazitäten der Räumlichkeiten der Bau einer zweiten Schule fertiggestellt wurde.[143]

7.1.4 Das 20. Jahrhundert

Oberwischau fiel nach dem Ersten Weltkrieg an Rumänien.[144] Die Unterrichtssprache in der staatlichen Schule war Rumänisch.[145] In der anderen, der konfessionellen Schule, fand der Unterricht zu dieser Zeit nicht auf Deutsch und ebenfalls nicht auf Rumänisch, sondern auf Ungarisch statt, was sich allerdings im Jahr 1921 wieder ändern sollte.[146] Die Enteignung dieser konfessionellen Schule

---

138 Vgl.: Stephani, Claus: 1989. S. 20 f.
139 Scheuringer, Hermann: 2016. S. 107.
140 Vgl.: Stephani, Claus: 1970. S. 218.
141 Ilk, Anton-Joseph: 2016. S. 120.
142 Vgl. ebd.: S. 120 f.
143 Vgl.: Ilk, Anton-Joseph et Traxler, Johann: 2009. S. 50 ff.
144 Vgl. ebd.: S. 59.
145 Vgl. ebd.: S. 55 f.
146 Vgl. ebd.: S. 60-68.

1923, die rund 100 Jahre existiert hatte, von staatlicher Seite hatte das Ende von Deutsch als Unterrichtssprache zur Folge.[147]

1930 ergab der Zensus, dass 2.500 von 7.760 Einwohnern in OW römisch-katholisch waren, wobei dieser Konfession nur Deutsche und Ungarn angehörten.[148] Der in den Jahren von 1934 bis 1938 für OW zuständige Kaplan Ferdinand Flesch hielt zu diesem Thema fest[149]: „Die Armenpflege brachte mich auf den Gedanken, eine Volkszählung durchzuführen. [...] 92 v.H. [von Hundert] der Katholiken waren Deutsche".[150]

Acht Jahre, nachdem der Schulunterricht in deutscher Sprache aufgegeben worden war, konnten sich die Oberwischauer Zipser nach starken Bemühungen durchsetzen und die staatliche Schule führte zumindest den deutschsprachigen Grundschulunterricht wieder ein, der jedoch 1935 wiederum eingestellt werden musste.[151] Allerdings hielt der regelmäßige Gottesdienst auf Deutsch, der lange von den Geistlichen vernachlässigt und auf Ungarisch abgehalten worden war, ab diesem Jahr in der römisch-katholischen Kirche wieder Einzug.[152] Ebenfalls betreuten Lehrer in ihren Ferien kleine Kinder auf Deutsch, was einer Art Kindergarten gleichkam.[153]

Die Einrichtung eines Kulturzentrums in Oberwischau im Jahr 1936 ermöglichte den Deutschsprachigen, ihre Traditionen fortzuführen und gemeinschaftliche kulturelle Aktivitäten auszuüben, was auch zur Gründung eines Kulturvereins führte.[154]

„Der Zeitraum von 1940 bis 1944 wird im Sprachgebrauch der Oberwischauer Zipser als „die Ungarische Zeit" [sic] bezeichnet."[155] Als die Ungarn 1940 in OW einmarschierten, hisste manch einer eine ungarische Flagge und versuchte den rumänischen Abzug gewaltfrei ausgehen zu lassen.[156] Die neue Besatzungsmacht nahm auch Einfluss auf die Schulsprache, wodurch alle nur noch

---

147 Vgl. ebd.: S. 70 f.

148 Vgl.: o.A.: Vişeul gestern. o.O. o.J. o.S. URL: http://www.viseudesus.ro/de/die-stadt/viseul-gestern

149 Vgl.: Ilk, Anton-Joseph et Traxler, Johann: 2009. S. 80.

150 Flesch, Ferdinand: Beiträge zur Geschichte der Sathmarer Schwaben – 50 Rundbriefe. Hg.: Helmut Berger. Selbstverlag Ravensburg. o.O. 1984. S. 85.

151 Vgl.: Ilk, Anton-Joseph et Traxler, Johann: 2009. S. 74 f.

152 Vgl. ebd.: S. 76-80.

153 Vgl. ebd.: S. 206.

154 Vgl. ebd.: S. 83 ff.

155 Ebd.: S. 98.

156 Vgl. ebd.: S. 97 f.

Ungarisch reden durften.[157] Nachdem sich Ungarn im Juni 1941 im Krieg auf die Seite des Deutschen Reiches gestellt hatte, dauerte es aber nicht lange, bis eine staatliche deutschsprachige Schule eingerichtet wurde.[158]

Die 5.000 Deutschsprachigen waren 1942 im Gegensatz zu nur 2.000 Rumänen und ebenso 5.000 Juden, die Jiddisch sprachen, bei etwas über 13.000 Bewohnern mit die größte Sprachgemeinschaft und stellten so mehr als ein Drittel der Bevölkerung OWs dar.[159]

Nachdem Deutschland den Zweiten Weltkrieg verloren hatte, flüchteten einige Zipser aus OW, während Rumänen ihre Häuser in der monatelangen Abwesenheit plündern sollten.[160] Währenddessen wurden die verbliebenen Deutschsprachigen zu dieser Zeit von der restlichen Bevölkerung despektierlich behandelt, was nicht immer konfliktlos verlief.[161] Dokumentiert ist ebenfalls, dass die Rote Armee 86 Zipser in sowjetische Lager deportierte.[162]

Trotz dieser Widrigkeiten konnte nach wenigen Jahren 1949 unter der Leitung von Leopold Hübel wieder eine deutsche Schule eröffnet werden.[163]

Während des kommunistischen Regimes, das von 1948 bis 1989 an der Macht war, erhielten insgesamt 16 Bevölkerungsgruppen den Status einer nationalen Minderheit.[164] „So galten die Deutsch[sprachigen] als „rumänische Staatsbürger deutscher Nationalität" [sic]".[165]

Entgegen der eigentlich festgeschriebenen Duldung der Minderheiten gab es während des kommunistischen Regimes Bemühungen, eine gewisse homogene Masse der Bevölkerung zu erzeugen, in der individuelle kulturelle sowie sprachliche Lebensformen nicht gerne gesehen waren und mit Diskriminierung

---

157 Vgl. ebd.: S. 99.

158 Vgl. ebd.: S. 100.

159 Vgl.: Stephani, Claus: Das Wort ist eine offene Hand – Aspekte der Mehrsprachigkeit im Alltag und in der Familie in Oberwischau/Ostmarmatien. In: Mit Sprachen leben. Praxis der Mehrsprachigkeit. Hgg.: Werner Holzer et Ulrike Pröll. Verlag DRAVA. Klagenfurt/Celovec: 1994. S. 47 f.

160 Vgl.: Ilk, Anton-Joseph et Traxler, Johann: 2009. S. 105-112.

161 Vgl. ebd.: S. 113.

162 Vgl.: Fellner, Emmerich: 60 Jahre seit der Deportation. Die Verschleppung hat auch die Wischaudeutschen betroffen. In: Wassertaler Heimatbote. Mitteilungsblatt der Heimatortsgemeinschaft der Oberwischauer e.V. Heft 3. Juli 2005. Hgg.: Heimatortsgemeinschaft der Oberwischauer e.V. Verlag Wahl-Druck. Aalen: 2005. S. 11 f.

163 Vgl.: Ilk, Anton-Joseph et Traxler, Johann: 2009. S. 118.

164 Vgl.: Ilk, Anton-Joseph: 2016. S. 121.

165 Ebd.

einhergingen.[166] Obwohl alle Bevölkerungsgruppen ihre eigenen Bräuche und ihre Sprache zumeist beibehielten, war es für alle unabdingbar, Rumänisch zu lernen, da es die einzige Amtssprache darstellte.[167]

In den letzten Abschnitten dieses Kapitels wurde deutlich, wie hart sich die deutschsprachige Bevölkerung ihr Recht auf Bildung und Ausübung ihrer Religion in ihrer Muttersprache erkämpfen musste. Weitere detaillierte Ausführungen zum deutschsprachigen Unterricht in OW während der letzten 75 Jahre finden hier aufgrund ihres Umfangs nicht weiter statt, sind aber bei Ilk und Traxler in den angegebenen Kapiteln nachzulesen.[168]

In den 1970er Jahren wanderten viele Zipser nach Westdeutschland aus.[169] Ihre neue Heimat wurden die „Großräume[.] Ingolstadt, München, Nürnberg, Singen und Stuttgart".[170]

„Bei der [rumänischen] Volkszählung 1977 bekannten sich 3430 Oberwischauer zur deutschen mitwohnenden Nationalität. Nach Angaben des römisch-katholischen Pfarramtes dürfte damals jedoch die Zahl der Zipser [in und um OW] etwa 6500 betragen haben."[171] Nach dem Fall des Eisernen Vorhangs gingen die Zahlen der Deutschrumänen in OW noch weiter zurück: „Die [...] Auswanderungswelle, die 1990 ihren Höhepunkt erreichte, führte auch zu einer Dezimierung der deutschsprachigen Bevölkerung von Oberwischau, wo vor allem alte und gebrechliche Menschen geblieben sind."[172]

7.2 Heutige Situation der Zipser in Oberwischau und der dortigen deutschsprachigen Institutionen

Als Gegenwart definiere ich hier das 21. Jahrhundert, also auch die vergangenen zwanzig Jahre. Die heutige Situation der Zipser kann nicht losgelöst von den

---

166 Vgl.: Traxler, Johann et Ilk, Anton-Joseph: Liedgut und Bräuche aus dem Wassertal. Weltliche und geistliche Lieder der Oberwischauer Zipser, eingebettet in deren Traditionen. Verlag Haus der Heimat. Nürnberg: 2015. S. 16.
167 Vgl.: Ilk, Anton-Joseph: 2016. S. 121.
168 Vgl.: Ilk, Anton-Joseph et Traxler, Johann: 2009. S. 83-127.
169 Vgl.: Ilk, Anton-Joseph: 2016. S. 121.
170 Ebd.
171 Ilk, Anton-Joseph: 1990. S. 17.
172 Traxler, Johann et Ilk, Anton-Joseph: 2015. S. 19.

deutschsprachigen Institutionen in Oberwischau gesehen werden, die einerseits das Standarddeutsch und auf der anderen Seite das Zipser-Deutsch und die Kultur der Oberwischauer Zipser pflegen.

Auch heutzutage sind die Oberwischauer Zipser vor allem in dem vorhin schon erwähntem Ortsteil OWs Zipserreih ansässig.[173] Allerdings weisen die letzten erhobenen Zahlen der Zipser einen großen Schwund in OW auf: Im Jahr 2002 lag das Ergebnis der Zipser-Zählung in OW bei etwa 2.000.[174] Eine Volkszählung 2011 ergab, dass sich heutzutage nur noch um die 600 Menschen zu den deutschsprachigen Zipsern in Oberwischau zählen, was einen starken Rückgang aufweist.[175] [176]

Besonders anhand der Schule ist der Bevölkerungsschwund der Obwischauer Zipser zu merken: In den Grundschulklassen fand noch 2006 der Unterricht in allen Fächern auf Deutsch statt; in der Oberstufe nur noch in dem Fach Deutsch als Muttersprache.[177] Die Schülerzahl in der 1. Klasse der Deutschen Schule betrug in jenem Jahr 19.[178] 1949/1950 waren es 41.[179] Bei der Betrachtung der Statistik bezüglich des Anteils der deutschen Muttersprachler an der Deutschen Schule bzw. der Deutschen Abteilung in OW von 1949 bis 2001 ist eine eindeutig fallende Tendenz festzustellen.[180] Allerdings sind in den letzten Jahren zusätzliche deutschsprachige Lehrkräfte eingestellt worden.[181]

---

173 Vgl.: Stephani, Claus: 1989. S. 20.
174 Vgl.: Baier, Hannelore et Bottesch, Martin et al.: Geschichte und Traditionen der deutschen Minderheit in Rumänien. Lehrbuch für die 6. und 7. Klasse der Schulen mit deutscher Unterrichtssprache. Central Verlag. Mesiaş: 2004. S. 31.
175 Vgl.: Scheuringer. Hermann: 2016. S. 107.
176 Bemerkung: Bei der Volkszählung 2011 könnten allerdings zwei Faktoren aufgetreten sein, die das Ergebnis etwas verfälschten, weswegen ich hier keine genaue Zahl angeben möchte: Zum einen kann nicht ausgeschlossen werden, dass sich zu der Zeit, als der Zensus durchgeführt wurde, auch Verwandte von Zipsern, die eigentlich dauerhaft im Ausland leben, in Oberwischau aufhielten und an der Befragung teilgenommen haben. Zum anderen besteht die Möglichkeit, dass Oberwischauer Zipser damals wegen eines längeren Auslandsaufenthalts nicht vom Zensus erfasst werden konnten. Obwohl diese Umfrage also nicht zwangsläufig die genaue Anzahl der Zipser, die jetzt noch in Oberwischau leben, wiedergeben kann, liefert sie einen Richtwert, an dem man sich orientieren kann. Dies wurde in einem mündlichen Gespräch mit Alfred Fellner, dem Vizevorsitzenden des Demokratischen Forums der Deutschen (DFD) in Oberwischau, am 23.08.2018 erörtert.
177 Vgl.: Ilk, Anton-Joseph et Traxler, Johann: 2009. S. 283.
178 Vgl. ebd.: S. 274.
179 Vgl. ebd.: S. 221 f.
180 Vgl. ebd.: S. 296.
181 Vgl.: Paulini, Martina: Neue Grundschullehrerin in Oberwischau. In: 1. Heft 2018. Hgg.: Demokratisches Forum der Deutschen in Oberwischau. Honterus Druckerei Hermannstadt. Hermannstadt: 2018. S. 5.

Heutzutage hat das Standarddeutsche an den Schulen wieder an Bedeutung zugenommen. Nicht nur Kinder mit Deutsch als Muttersprache werden in diesem Fach unterrichtet, sondern auch Schüler mit ungarischen und rumänischen Wurzeln. Neben der Schule existieren in Oberwischau noch weitere Institutionen, in denen Standarddeutsch gesprochen wird.

Eine weitere Bildungseinrichtung für die Pflege der deutschen Sprache stellt der Kindergarten dar, in dem die Erzieherinnen in einer deutschen Gruppe auch rumänischen Kindern Deutsch beibringen.[182]

Der bei der Geschichte OWs bereits genannte deutschsprachige Gottesdienst hat auch heute noch in der römisch-katholischen Kirche Bestand. Bei meinem Besuch erfuhr ich, dass dieser, abgesehen von personenbezogenen kirchlichen Handlungen wie Taufe oder Beerdigung, zwei- oder dreimal wöchentlich stattfindet. Auf Wunsch werden auch Hochzeiten auf Deutsch abgehalten. Am 25.08.2018 besuchte ich eine Trauung zwischen einem Zipser und einer Rumänin, wobei dieser Gottesdienst leider auf Rumänisch vollzogen wurde. Auf Nachfrage erfuhr ich, dass es bei einer Heirat üblich sei, eine Sprache auszuwählen, die die Angehörigen beider Partner am besten verstehen. Da der momentane Priester auch Ungarisch spricht, kann der Traugottesdienst auch, so wie die anderen Gottesdienste, in allen drei Sprachen abgehalten werden. Bei den Interviews wurde erklärt, dass die Kirche und der Gottesdienst sehr wichtig für den Gemeinschaftssinn der Oberwischauer Zipser sind: Man trifft sich dort, tauscht sich vor und nach dem Gottesdienst miteinander aus, verbringt im Anschluss noch Zeit miteinander und geht evtl. gemeinsam noch etwas trinken.

Auch wenn es rechtlich betrachtet möglich sein sollte, bei Ämtern sein Anliegen auf Deutsch vorbringen zu können oder deutsche Dokumente zu erhalten, findet dies nicht statt.[183]

7.3 Weitere Institutionen für die Zipser und ihre Sprache

Die ausgewanderten Oberwischauer Zipser pflegen auch außerhalb ihres Herkunftsortes ihre Kultur und Sprache. Hierfür gründeten sie zum Beispiel 2004

---

182 Vgl.: Unger, Julia: 2006 (a). S. 28 f.
183 Vgl.: Fellner, Alfred: E-Mail vom 29.03.2019. o.V. o.O. o.S.

den Verein »Heimatortsgemeinschaft der Oberwischauer e.v. in Deutschland«, von dem sich Kreisverbände in Augsburg, Ingolstadt, Nürnberg, Regensburg und Singen befinden.[184] Zuvor existierte der »HOG Oberwischau/Landsmannschaft der Sathmarer Schwaben e.v.«, von dem sich die Oberwischauer Zipser allerdings nicht gut genug repräsentiert fühlten und einen zusätzlichen eigenen Verein gründeten.[185] Dieser neu entstandene eingetragene Verein gibt auch das Heft »Wassertaler Heimatbote. Mitteilungsblatt der Heimatortsgemeinschaft der Oberwischauer e.v.« heraus, in dem über die Geschichte OWs, gemeinsame Fahrten, Veranstaltungen, die Sprache, Kultur etc. der Zipser berichtet wird.[186] 2008 gehörten diesem Verein 235 Familien mit über 600 Personen an.[187] Wie sich daraus ersehen lässt, ist auch bei den nach Deutschland ausgewanderten Zipsern Interesse vorhanden, Kontakt zu ihrer ehemaligen Heimat zu halten und ihr zipser-deutsches Sprachgut zu pflegen. 2012 wurde zudem der Verein »Verband der Oberwischauer Zipser e.V.« gegründet.[188]

Aber auch in Oberwischau selbst gibt es Institutionen, die sich auf ihre deutsche Kultur stützen und sie fördern:

1990 hat sich auf die Initiative des Oberwischauer Zipsers Augustin Olear hin das »Demokratische Forum der Deutschen in Oberwischau« (DFDO) konstituiert.[189] Kurz zuvor wurde „in Hermannstadt der Beschluss gefasst [...], in allen von Deutschen besiedelten Städten und Regionen eine Organisation zu gründen[,] die die Rechte und Interessen der Deutschen Minderheit vor den Rumänischen Behörden verteidigt.“[190] Ziel dieser Einrichtung ist, „die deutsche Kultur, Mundart, Schulwesen, Gebräuche und Sitten zu pflegen“.[191]

---

184 Vgl.: Faltin, Georg: Rückblick und Neuorientierung. In: Wassertaler Heimatbote. Mitteilungsblatt der Heimatortsgemeinschaft der Oberwischauer e.V. Heft 1. Dezember 2004. Hgg.: Heimatortsgemeinschaft der Oberwischauer e.V. Verlag Wahl-Druck. Aalen: 2004. S. 9 f.
185 Vgl.: Fellner, Alfred: 2019.
186 Vgl.: Faltin, Georg: 2004. S. 10.
187 Vgl.: Skurka, Georg: Geschichte und Tradition der Zipser. In: Wassertaler Heimatbote. Mitteilungsblatt der Heimatortsgemeinschaft der Oberwischauer e.V. Heft 10. Dezember 2008. Hgg.: Heimatortsgemeinschaft der Oberwischauer e.V. Verlag EOS-Druck. St. Ottilien: 2008. S. 14.
188 Vgl.: Faltin, Georg: Verband der Oberwischauer Zipser e.V. o.O. o.J. o.S. URL: http://oberwischauerhomepage.de/index2.html.
189 Vgl.: o.A.: Über uns. Die Entstehung. o.O. o.J. o.S. URL: http://www.zipserforum.ro/ueber-uns/.
190 Ebd.
191 Ebd.

Das Forum setzt sich für die Beibehaltung der deutschen Schulabteilung, für den deutschsprachigen Kindergarten und für sozial schwächere Menschen ein.[192] Der Parlamentsabgeordnete Ovidiu Gant, der auch dem Demokratischen Forum angehört, vertritt z.B. die schulischen Interessen der Zipser.[193]

Für die explizite Förderung der heimischen Kultur gibt das Demokratische Forum seit 2015 eine Zeitschrift mit dem Titel »Zipserplattl« heraus.[194]

Auch die „zwei Tanzgruppen, die Jugendgruppe und die neu gegründete Seniorengruppe" tragen zur Aufrechterhaltung der Identität der Zipser bei.[195] Außerdem treffen sich die Frauen häufiger vor Festlichkeiten in einer Art Back-Club, in dem sie u.a. für Wohltätigkeiten Geld sammeln.[196] All diese Gruppen sind jedoch keine eingetragenen Vereine.[197]

Der sog. »Zipsertreff«, eigentlich »Heimattreffen der Oberwischauer Deutschen«, ist die größte Veranstaltung für die Zipser, die in OW stattfindet, bei dem neben Tanzgruppen, Blasmusik, Kulturprogrammen der Kinder noch weitere Programmpunkte auf der Agenda dieses Festes stehen.[198]

Kirchliche Festtage wie Weihnachten, Erntedankfest und St. Martin werden von den Zipsern ebenfalls mit Veranstaltungen gefeiert.[199] Als „die wohl älteste und wichtigste Tradition" ist an Weihnachten das Herodesspiel zu nennen.[200] Dies findet auch außerhalb OWs, so z.B. in Augsburg statt, bei dem ich im Dezember 2018 selbst anwesend sein durfte.

Selbst wenn es sich nur um eine Handvoll von Institutionen handelt, die es sich zum Ziel gesetzt haben, Kultur und Sprache der Oberwischauer Zipser lebendig zu erhalten, erfreuen diese sich doch eines großen Zuspruchs sowohl bei den Oberwischauern vor Ort als auch bei den Ausgewanderten. Hieraus lässt sich ablesen, dass trotz der hohen Abwanderungsquote in den letzten Jahrzehnten eine große Verbundenheit der Zipser mit ihrer Heimat und Kultur bestehen bleibt.

---

192 Vgl.: Unger, Julia: 2006 (a). S. 23 f.
193 Vgl.: Fellner, Alfred: 2019.
194 o.A.: Zeitungsartikel. o.O. o.J. o.S. URL: http://www.zipserforum.ro/zeitungsartikeln/.
195 Fellner, Alfred: Liebe Leser. In: Zipserplattl. 1. Heft 2018. Hgg.: Demokratisches Forum der Deutschen in Oberwischau. Honterus Druckerei Hermannstadt. Hermannstadt: 2018. S. 2.
196 Vgl.: Fellner, Alfred: 2019.
197 Vgl. ebd.
198 Vgl. ebd.
199 Vgl. ebd.
200 Ebd.

8. Analyse des Zipser-Deutschen aus Oberwischau

Hier beginnt der Analyseteil, der den Hauptteil dieser Arbeit darstellt.

8.1. Phonetik

Wie bereits gesagt wird die sprachliche Analyse der Arbeit vor allem auf der synchronen und nicht auf der diachronen Ebene stattfinden (vgl.: 6.1 Sprachinsel, S. 19). Aus diesem Grund konzentriere ich mich auf den Vergleich des Istzustandes des Zipser-Deutschen mit dem Standarddeutschen in der Bundesrepublik. Aufgrund der synchronen Ebene wird in der vorliegenden Ausarbeitung auf die Darstellung des Lautwandels vom Mittelhochdeutschen zum Zipser-Deutschen anhand des Vokalismus und Konsonantismus verzichtet, auch wenn dies in manch anderer linguistischen, dialektologischen Untersuchung, so z.b. in Ungers, eine Methode darstellt, die für eine vereinfachte Vergleichbarkeit von unterschiedlichen Varietäten dienen kann.[201] Stattdessen bezieht sich die phonetische Analyse mit sprachlichen Unterschieden auf die Aussprache der in der Bundesrepublik üblichen standarddeutschen Sprache. An dieser Stelle muss erwähnt werden, dass es durchaus umstritten ist, ob nur ein Standard des Deutschen existiert. So unterscheidet Ammon z.B. zwischen dem Deutschen, dem Österreichischen und dem Schweizer Standarddeutsch.[202] Eine Standardsprache lässt sich wie folgt definieren: „Allgemeine Verbindlichkeit erhält eine S[tandardsprache], indem sich der Staat dahinterstellt [sic], was oft nicht ohne weiteres erkennbar ist, sich aber z.B. in Regelungen für den Schulunterricht (Lehrpläne, Lehrmaterialien) oder Behörden zeigt."[203] Für die Normierung und das Festlegen eines Standards, zumindest in der Schrift, ist der Rat für deutsche Rechtschreibung verantwortlich und sein amtliches Regelwerk ist bindend[204]. Ein zusätzliches, verbindliches Wörterbuch zur

---

201 Vgl.: Unger, Julia: 2006 (a). S. 38-52
202 Vgl.: Ammon, Ulrich: Die deutsche Sprache in Deutschland, Österreich und der Schweiz. Das Problem der nationalen Varietäten. Walter de Gruyter Verlag. Berlin/New York: 1995. S. 8 ff.
203 Ammon, Ulrich: Standardsprache. In: Metzler Lexikon Sprache. Hg.: Helmut Glück. Verlag J.B. Metzler. Stuttgart/Weimar: 2000. S. 688.
204 Vgl.: o.A.: Der Rat. o.J. o.O. o.S. URL: http://www.rechtschreibrat.com/der-rat/.

Standardaussprache in Deutschland gibt es jedoch nicht.

Nichtsdestotrotz benötigt man für einen Vergleich Bezugspunkte, die, wenn möglich, als anerkannt gelten. So räumen Ammon und die großen Rundfunkanstalten dem Aussprache-Duden eine hohe Gewichtung ein.[205] Aus diesem Grund wird als Referenzwerk für einen bundesdeutschen Standard des Deutschen der »Duden. Das Aussprachewörterbuch« von 2005 herangezogen.[206] Um die Aussprache der Oberwischauer später genauer zu verorten, helfen Dialektwörterbücher, deren Angaben in entsprechenden Quellen angegeben sein werden.

Für eine bessere Lesbarkeit und eine klarere Übersichtlichkeit werden die phonetischen Unterschiede des Zipser-Deutschen zum bundesdeutschen Standarddeutschen in die verschiedenen Phoneinordnungen wie Monophthonge, Diphthonge und Konsonanten mit ihren zusätzlichen Gruppierungen eingeteilt. Hier folgt nun eine Tabelle mit den IPA-Zeichen, die für die Transkription gebraucht werden. Da sich in der Vorlage des Aussprachewörterbuchs nicht alle benötigten Grapheme befinden, müssen zusätzliche hinzugezogen werden; die Erklärung ihrer Lautung lässt sich in entsprechenden Fußnoten vorfinden. Neben der Erklärung der im Wörterbuch verwendeten Grapheme ist ein Teil mit Ausspracheregeln von Flexionen und Wortbildungsmorphemen vorhanden.[207] Diese werden für den Vergleich in der Analyse ebenfalls verwendet.

Festzuhalten bleibt, dass nur deutsche bzw. ins Deutsche übernommene Wörter in die Phonetikanalyse einfließen, da bei Fremdwörtern eine zu hohe Abweichung bei unterschiedlichen Sprechern zu erwarten ist.

---

205 Vgl.: Ammon, Ulrich: 1995. S. 327 f.
206 Duden. Das Aussprachewörterbuch. 2005.
207 Vgl. ebd.: S. 37-41.

8.1.1. Tabellen IPA

8.1.1.1. Tabellen IPA Vokale

8.1.1.1.1. Tabelle IPA Monophthonge

IPA-Zeichen	Beispiel Aussprache-wörterbuch	Beispiel Aussprachewörter-buch transkribiert	IPA-Zeichen	Beispiel Aussprache-wörterbuch	Beispiel Aussprachewörter-buch transkribiert
a	hat	[hat]	ɒ̯	loyal	[lɒ̯aˈjaːl]
aː	Bahn	[baːn]	õ	Fondue	[fõˈdyː]
ɐ	Ober	[ˈoːbɐ]	õː	Fond	[fõː]
ɐ̯	Uhr	[uːɐ̯]	ɔ	Post	[pɔst]
ã	Pensee	[pãˈseː]	ø	Ökonom	[økoˈnoːm]
ãː	Gourmand	[gʊrˈmãː]	øː	Öl	[øːl]
e	Methan	[meˈtan]	œ	göttlich	[ˈgœtlɪç]
eː	Beet	[beːt]	œ̃	Lundist	[lœ̃ˈdɪst]
ɛ	hätte	[ˈhɛtə]	œ̯̃	Parfum	[parˈfœ̯̃]
ɛː	wähle	[ˈvɛːlə]	u	kulant	[kuˈlant]
ɛ̃	timbrieren	[tɛ̃ˈbriːrən]	uː	Hut	[huːt]
ɛ̃ː	Timbre	[ˈtɛ̃ːbrə]	u̯	aktuell	[akˈtu̯ɛl]
ə	halte	[ˈhaltə]	ʊ	Pult	[pʊlt]
i	vital	[viˈtaːl]	y	Mykene	[myˈkeːnə]
iː	viel	[fiːl]	yː	Rübe	[ˈryːbə]
i̯	Studie	[ˈʃtuːdi̯ə]	y̆	Tuilerien	[ty̆iləˈri̯ən]
ɪ	bist	[bɪst]	ʏ	füllt	[fʏlt]
o	Moral	[moˈraːl]	å [208]	was	Zipser-Deutsch: [vås]
oː	Boot	[boːt]	åː	war	Zipser-Deutsch: [våːr]

Tabelle 1: IPA-Zeichen Vokale[209]

---

208 Bemerkung: Dieser Vokal ist nicht in der Tabelle des Duden Aussprachewörterbuchs enthalten. Er ist eine Mischung aus [a] und [o], also auch geschlossener und gerundeter als [ɐ] bzw. offener und ungerundeter als [ɔ] im bundesdeutschen Standarddeutsch. Aus diesem Grund habe ich mich zu der Darstellung mit [å] entschlossen. Zudem wird dieses Phon als Graph auch in gedruckten, populärwissenschaftlichen Dialektaufzeichnungen des Zipser-Deutschen seit 1984 verwendet. Vgl.: Ilk, Anton-Joseph: 1990. S. 18. In der Lautschrift Teuthonista gebraucht man für das beschriebene Phon auch das Graphem <ǫ>.
209 Vgl.: Duden. Das Aussprachewörterbuch. 2005. S. 12.

8.1.1.1.2. Tabelle IPA Diphthonge

IPA-Zeichen	Beispiel Aussprache-wörterbuch	Beispiel Aussprache-wörterbuch transkribiert	IPA-Zeichen	Beispiel Aussprache-wörterbuch	Beispiel Aussprachewör-terbuch transkribiert
ai̯	weit	[vai̯t]	ɔy̯	Heu	[hɔy̯]
au̯	Haut	[hau̯t]	ui̯	pfui!	[pfui̯]
ou̯ [210]	Holz	Zipser-Deutsch: [hou̯lts̩]			

Tabelle 2: IPA Diphthonge[211]

8.1.1.2. Tabellen IPA Konsonanten

8.1.1.2.1 Tabelle IPA Plosive

IPA-Zeichen	Beispiel Aussprache-wörterbuch	Beispiel Aussprache-wörterbuch transkribiert	IPA-Zeichen	Beispiel Aussprache-wörterbuch	Beispiel Aussprachewör-terbuch transkribiert
b	Ball	[bal]	p	Pakt	[pakt]
d	dann	[dan]	t	Tal	[taːl]
g	Gast	[gast]	k	kalt	[kalt]

Tabelle 3: IPA Plosive[212]

---

210 Bemerkung: Dieser Diphthong ist nicht in der Tabelle des Duden Aussprachewörterbuchs enthalten. Allerdings wird er bei einem Wort geäußert, weswegen ich diese Zeichen für die Beschreibung des Phons eingeführt habe.
211 Vgl.: Duden. Das Aussprachewörterbuch. 2005. S. 12.
212 Vgl. ebd.

Bei dieser Tabelle muss erwähnt werden, dass der Glottisschlag, der häufig in Transkriptionen mit [ʔ] dargestellt wird, zwar in der Tabelle, allerdings nicht im Nachschlageteil des Aussprachewörterbuchs des Duden enthalten ist. Da ich bei der Standardaussprache auf dieses als Referenzwerk Bezug nehme, wird der Glottisschlag folglich ebenfalls nicht in der Transkription berücksichtigt.

8.1.1.2.2 Tabelle IPA Frikative

IPA-Zeichen	Beispiel Aussprache-wörterbuch	Beispiel Aussprache-wörterbuch transkribiert	IPA-Zeichen	Beispiel Aussprache-wörterbuch	Beispiel Aussprache-wörterbuch transkribiert
f	Fass	[fas]	ʒ	Genie	[ʒeˈniː]
v	was	[vas]	ç	ich	[ɪç]
s	Hast	[hast]	x	Bach	[bax]
z	Hase	[ˈhaːzə]	h	hat	[hat]
ʃ	schal	[ʃaːl]			

Tabelle 4: IPA Frikative[213]

---

213 Vgl. ebd.

41

8.1.1.2.3 Tabelle IPA Affrikaten

IPA-Zeichen	Beispiel Aussprache-wörterbuch	Beispiel Aussprache-wörterbuch transkribiert	IPA-Zeichen	Beispiel Aussprache-wörterbuch	Beispiel Aussprache-wörterbuch transkribiert
ʤ	Gin	[dʒɪn]	ts̩	Zahl	[tsa:l]
pf̩	Pfahl	[pfa:l]	ʧ̩	Matsch	[maʧ]

Tabelle 5: IPA Affrikaten[214]

8.1.1.2.4 Tabelle IPA Approximant, Laterale und Nasale

IPA-Zeichen	Beispiel Aussprache-wörterbuch	Beispiel Aussprache-wörterbuch transkribiert	IPA-Zeichen	Beispiel Aussprache-wörterbuch	Beispiel Aussprache-wörterbuch transkribiert
j	ja	[ja:]	m̩	großem	['gro:sm̩]
l	Last	[last]	n	Naht	[na:t]
l̩	Nabel	['na:bl̩]	n̩	baden	['ba:dn̩]
m	Mast	[mast]	ŋ	lang	[laŋ]

Tabelle 6: IPA Approximant, Laterale und Nasale[215]

---

214 Vgl. ebd.
215 Vgl. ebd.

42

8.1.1.2.5 Sonderfall der Realisierung des Allophons von <r>

Das Aussprachewörterbuch macht keinen Unterschied bei der Realisierung des Graphems <r>. So sind alle Wörter, bei denen ein solches Allophon auftritt, lediglich mit <r> versehen, was bedeutet, dass das Aussprachewörterbuch somit die Aussprache [r], also eines dental-alveolaren Vibranten, vorgibt.[216] Allerdings wird im bundesdeutschen Standarddeutsch <r> bisweilen ebenso als uvularer Frikativ [ʁ] oder als uvularer Vibrant [ʀ] realisiert.[217] Trotz dieser Sachlage gehe ich in der Analyse auf die Realisierung von <r> bei den Oberwischauer Zipsern nicht weiter ein, da aufgrund der Qualität der Tonaufnahmen die Artikulationsarten bzw. -orte der Phone für <r> nicht genau bestimmt werden können, auch wenn vereinzelt Unterschiede zu erahnen sind.

---

216 Vgl.: Bergmann, Rolf: Kapitel 5: Phonetik und Phonologie. In: Einführung in die deutsche Sprachwissenschaft. Hgg.: Rolf Bergmann et Peter Pauly et al. Universitätsverlag Winter Heidelberg. Heidelberg: 2010. S. 57.
217 Vgl. ebd.

8.1.1.3 Tabelle für sonstige verwendete phonetische Zeichen im Aussprachewörterbuch

phonetisches Zeichen	Erklärung
:	Längenzeichen hinter Vokalen
::	Überlänge des davorstehenden Vokals
~	Zeichen für nasale (nasalierte) Vokale
'	Hauptbetonung; direkt vor der hauptbetonten Silbe
ˌ	Nebenbetonung; direkt vor nebenbetonter Silbe
ˌ	unter silbischen Konsonanten, so bei [l̩], [m̩] oder [n̩]
˯	bezeichnet unsilbischen Vokal z.B. bei [ˈʃtuːdi̯ə]
‿	Zeichen für Affrikaten und Diphthonge

Tabelle 7: Sonstige verwendete phonetische Zeichen im Aussprachewörterbuch[218]

8.1.2 Phonetische Beobachtungen

Die nächsten Abschnitte handeln von den phonetischen Beobachtungen bei zipser-deutschen Wörtern, die vom Standarddeutschen abweichen und von den Gewährspersonen in den geführten Interviews geäußert wurden. Dabei wurde jedes einzelne Phon, das im genannten Aussprachewörterbuch für das Deutsche aufgeführt ist, nach Differenzen zwischen Hochsprache und Varietät untersucht. Die Abschnitte des Fließtextes beziehen sich folglich nur auf das jeweils aufgeführte Phon und nicht auf die restlichen, die das Beispiel enthält. So spreche ich von keiner Differenz, wenn der Vokal oder der Konsonant gleich ausgesprochen wird wie im Standarddeutschen, sich das Wort womöglich aber an anderer Stelle vom Aussprachewörterbuch unterscheidet.

---

218 Vgl.: Duden. Das Aussprachewörterbuch. 2005. S. 11.

44

Die Kategorisierung der verschiedenen Phone ist an der bereits aufgeführten Tabellen angelehnt. Die in den Tabellen analysierten Phone sind in den Wörtern fett gedruckt (vgl.: Anhang 1: Tabellen Phonetik, S. 112). Der Pfeil in der Spalte für die Differenz bedeutet die Realisierung im Zipser-Deutschen. Ein Sprachwandel ist hiermit also nicht gemeint, da sich beide Sprachstufen anders entwickelt haben und nicht voneinander abstammen.

Die Phone, die in diesen Tabellen nicht berücksichtigt sind, waren in den Sprachproben nicht vorhanden und wurden daher übergangen.

8.1.2.1 Analyse der Differenzen bei Vokalen

Zuerst folgt die Zusammenfassung der Analyse von Monophthongen, bevor sich die der Diphthonge anschließt.

8.1.2.1.1 Analyse der Differenzen bei Monophthongen

Bei Betrachtung der Transkription fällt auf, dass die Oberwischauer Zipser [a] in knapp 60 % der Fälle als [å] realisieren. Dies ist besonders bei einsilbigen Wörtern wie bei [vås] für *was*, [ʃmåltṣ] für *Schmalz* und [nåxt] für *Nacht* zu bemerken. Vor [x] scheint immer [å] als [a], z.B. bei [båx] für *Bach*, [ˈzåxən] für *Sachen* oder [ˈʃvåxə] für *schwache*, verlautlicht zu werden. Weitere Beispiele für diese Art der Realisierung sind [ˈgårtṇ] (*Garten*), [våsər] (*Wasser*), [ˈgåsṇ] (*Gasse*), [ˈgåŋən] (*gegangen*) und [ʊntərˈhåltʊŋ] (*Unterhaltung*).

Bei so gut wie allen anderen Wörtern mit dem genannten Phon lässt sich keine Differenz feststellen. Einen Sonderfall stellt *das* dar, da hier das standarddeutsche [a] als [ɛ] ausgesprochen wird. Ein System, vor oder hinter welchen Phonen diese Realisierungen stattfinden, kann man hier nicht feststellen.

Eine ähnliche Situation findet man bei der Realisierung von [aː]: Von 16 transkribierten Wörtern ist [åː] mit zehnmal am häufigsten vertreten. Bei drei Termini liegt beim Phon kein Unterschied vor. Drei Wörter weisen hingegen jeweils einen bemerkenswerten Unterschied auf. So wird das im Standard realisierte Präfix {ge} bei *gehabt* nicht realisiert, sodass [kåpt] auf Zipser-Deutsch nur einen kurzen Vokal besitzt. [aː] bei *Gras* und *Vater* im Standard realisieren die Zipser

45

gerundeter, sodass sie in OW [groːs] und [ˈfɔtər] sagen, wobei bei zweiterem ebenfalls nur ein kurzer Vokal feststellbar ist.

Das Phon [ɐ], das zumeist am Wortende steht, wird im Zipser-Deutschen bei fast allen Wörtern mit [ər] realisiert. Dies lässt eine orthographische Orientierung bei der Aussprache vermuten. Bei vier Termini ist keine Differenz festzustellen und bei zwei lautet die Realisierung von [ɐ] [r].

Diese Tendenz setzt sich bei [ɐ̯] mit [r] fort, da bei 16 Beispielen nur eines keinen Unterschied zum Aussprachewörterbuch bei diesem Phon aufweist.

Im Zipser-Deutschen wird [eː] zumeist als [ɛː] oder auch [ɛ] realisiert. So sagen die Sprecher [mɛːl] oder [ˈɛrʃtə] statt dem Standarddeutschen [meːl] und [ˈeːɐ̯stə].

Bis auf zwei Ausnahmen erkennt man keine Differenz zur Standardaussprache von [ɛ]. Nur sagt man [vˈakst] anstelle von [vɛkst] und eine Gewährsperson sagte bei *Zwetschgen* im Gegensatz zu den anderen nicht [ˈt͡svɛʃbn̩], sondern [ˈt͡svəʃbn̩].

Für [ɛː] ließen sich nur zwei Beispiele finden. So wird dieser Vokal bei *jäten* nicht anders als im Standarddeutschen und bei *spät* als [ɔː], also [ʃpɔːt], ausgesprochen.

[ə] wird sehr unterschiedlich realisiert: Zum einen sprechen die Oberwischauer Zipser in über der Hälfte der untersuchten Termini das genannte Phon wie im Standarddeutschen aus. Auf der anderen Seite wird dieses Phon in 17 Fällen am Wortende, wie bei [virʃt] statt [ˈvyrstə] überhaupt nicht realisiert, wovon bei sieben Wörtern ein silbisches [n̩], so bei [ˈzɛnsn̩] (*Sense*), stattdessen dort zu finden ist. Bei *viele* und *ohne* sprechen die Oberwischauer Zipser nicht [ə], sondern [i] am Wortende aus. Weder das erste [ə] des Partizips *genommen*, noch das [ə] bei *bitteschön* realisieren sie. Im Gegensatz zum Standard fehlt bei einem weiteren Partizip, nämlich bei *gegangen*, das Flexionsmorphem {ge}, wodurch nur das zweite Phon [ə] verlautlicht wird.

Bei der Realisierung von [iː] ist bei 13 Beispielen kein Unterschied auszumachen. Nur bei *einfrieren* findet man [ɛː] anstatt [i], sodass man in Oberwischau [ˈain̯ˌfrɛːrən] sagt.

Bei zehn von 28 Wörtern ist bei Betrachtung von [ɔ] mit der Realisierung durch [ʊ] die größte Differenz erkennbar. Danach folgt die Gruppe der Termini, bei denen [ɔ] vorhanden bleibt. *Holz* hingegen wird mit dem Diphthong [ou̯] verlautlicht. Bei [fɛrˈzorgn̩] statt [fɛɐ̯ˈzorgn̩] ist ein Realisieren mit [o] ersichtlich.

Zu *Orte* sagen die Oberwischauer Zipser [ˈɛrtə] bzw. [ˈɛrtər].

Nur einmal wurde bei den Aufnahmen ein Wort mit [õː] genannt. Es handelte sich um das Lehnwort *Saison*, das laut Aussprachewörterbuch [sɛˈzõː] ausgesprochen wird. Neben des Verlautlichen eines anderen Vokals ist hier zusätzlich der Konsonant [n] am Wortauslaut zu finden, sodass man auf Zipser-Deutsch [sɛˈzɔːn] sagt.

Einen klaren Unterschied stellt das Aussprechen der Wörter mit dem Phon [øː] dar, da es die Sprecher des Zipser-Deutschen in fast allen Fällen als [ɛː], so bei [ɛːl] statt [øːl], verlautlichen. Nur bei dem Lehnwort *Friseur* blieb das Phon mit dem des Standarddeutschen identisch.

Fast dasselbe lässt sich bei [œ] feststellen, wobei es durch den kürzeren Vokal [ɛ] realisiert wird. Bei dem Infinitiv *können* tritt dieses Phänomen nicht auf, da sie es als [ˈkinan] oder [ˈkinən] realisieren.

Bei dem einzigen Beispiel zu [u] war kein Unterschied zu bemerken. Dies trifft auch bei [uː] zu, da keines der fünf Wörter hier vom Standarddeutschen abweicht. [ʊ] realisieren die Oberwischauer Zipser laut Auswertung fast immer gleich wie in der Standardaussprache. Nur zwei Wörter weisen ein anderes Phon auf. So sagt man [ˈzɛrvus] statt [ˈzɛrvʊs] und bei [bʊs] wird der Vokal zu [bʊːs] verlängert.

Lediglich einmal wurde bei den Interviews ein Wort genannt, das laut Aussprachewörterbuch im Deutschen [y] enthält. Statt [ˈhypfn̩] sagte die Gewährsperson [ˈhʊpfn̩].

In den meisten Fällen sagt man auf Zipser-Deutsch [iː] anstelle von [yː]. So heißt es [griːs] statt [gryːs]. Abweichungen ergeben sich durch [uː] bei [ˈfrruːʃtʊk] (*Frühstück*), durch [ɛː] bei [ˈhɛːnər] (*Hühner*) und [fɛːr] (*für*) und durch [ə] bei [ˈdrəbn̩] (*drüben*).

zurück ist das einzige geäußerte Exempel für ein Wort mit [ʏ] im Standarddeutschen. Dieses Phon ersetzen die Oberwischauer Zipser mit [u], sodass sie zu dem genannten Beispiel [t͡suˈruk] sagen.

Kaum Unterschiede weist die Realisierung von [ɪ] auf. Ein Wort, das sehr oft gefallen ist, war allerdings [ˈʃʊŋkn̩] für Schinken, bei dem [ʊ] [ɪ] ersetzt. *Schlitten* und *zerschnitten* haben zudem eine Längung mithilfe [iː] bei der Aussprache. Die zwei anderen Beispiele mit einer Differenz sind [ˈkindər] statt [ˈkɪndɐ] und [vɛrft] statt [vɪrft].

Bei fast Dreiviertel der Wörter mit [oː] lässt sich keine Abweichung feststellen. Bei [ˈodr] anstelle von [ˈoːdɐ] ist allerding eine kürzere Aussprache zu erkennen.

Zwei Sonderfälle stellen *Honig* und *Vorhang* dar. Zum Ersten haben wir mit ['hɛːnɪk] und ['høːnɪk] zwei unterschiedliche Realisierungen des erstgenannten Terminus, zum Zweiten nannte eine Gewährsperson für die Aussprache des zweitgenannten ['fiːrˌhaŋ].

8.1.2.1.2 Analyse der Differenzen bei Diphthongen

Die Mehrheit des realisierten Diphthongs [ai] weist keine Unterschiede auf. Allerdings verlautlichten die Gewährspersonen ihn fast genauso häufig als [aː], so bei den Ausdrücken *Seife*, *weich* und *Feile* (['zaːfn̩], [vaːx], ['faːl]). Jedoch lag die Betonung bei *Schweine*, *Fleisch* und *Wein* eher auf dem zweiten Teil des Diphthongs, weswegen ich zu dem Entschluss kam, es als [aˈi] zu transkribieren; so erhält man für diese Wörter die Transkription [ʃvaˈinə], [flaˈiʃ] und [vaˈin]. Als Unikum wird *Geist* mit [å], also [gåst] realisiert.

Vier der sieben Wörter, die im Standard [au] erhalten, unterschieden sich diesbezüglich nicht im Zipser-Deutschen. *Baum* und *Saum* fallen genauso wie *gelaufen* aus diesem Schema, da die ersten beiden mit dem langen a-Vokal [aː] und das letzte mit [o] ausgesprochen wird.

Bei über 90 % der Termini mit [ɔy] realisieren die Zipser [ai]. So heißt es bei ihnen [daiʧ], [nai], [hai], anstatt [dɔyʧ], [nɔy] und [hɔy]. Einziges Gegenbeispiel stellt *Bäume* dar, das wie sein Singular mit [aː] verlautlicht wird, sodass es ['baːmən] heißt.

8.1.2.2 Analyse der Differenzen bei Konsonanten

Die im Zipser-Deutschen realisierten Wörter weisen im Gegensatz zu den Vokalen bei den Konsonanten weniger Unterschiede als im Standarddeutschen auf. Aufgrund der Vollständigkeit bedürfen diese Differenzen dennoch im Folgenden einer Betrachtung.

8.1.2.2.1 Analyse der Differenzen bei Plosiven

Zwölf von 21 geäußerten Begriffen, die [b] enthalten, besitzen dieses Phon im Anlaut. Bei all diesen ist kein Unterschied zu finden. Dies ist ebenso bei neun weiteren Wörtern, bei denen es im Wortinneren enthalten ist. Bei zwei Begriffen ist dies jedoch nicht der Fall. Es handelt sich um *Zwiebel* und *Schraubenzieher*. So heißen sie auf Zipser-Deutsch [ˈtsviːvl̩n] und [ˈʃrauvəntsiːɡər], wobei also [v] anstelle von [b] realisiert wird.

Bei den 18 untersuchten Beispielen unterscheidet sich keines in Bezug auf das Phon [d].

In 80 % der Fälle lässt sich bei der Realisierung von [g] keine Differenz ausmachen. Zwetschgen, [ˈtsvəʃbn̩] bzw. [ˈtsveʃbn̩] realisiert, hat statt [g] [b] als letztes Phon vor dem silbischen Konsonanten [n̩]. Das flektierte Adjektiv *gutes* wird [ˈkuːtəs] verlautlicht. Bei zwei weiteren Beispielen ist das Phon [g] im eigentlichen Anlaut bei Partizipien nicht mehr vorhanden. Auf diese wird bei der Morphologie noch näher eingegangen (vgl.: 8.4.3 Verben und Personalpronomen S. 75).

Das Phon [p] wird in der Hälfte der Fälle als solches und zur anderen Hälfte als [b] verlautlicht. Hier scheint es keine Rolle zu spielen, ob sich [p] im Anlaut befindet oder nicht. So sagt man im Zipser-Deutschen für *pur* [puːr] oder für *paar* [på̆ːr], aber eben auch [butsn̩] und [bast] für *putzen* und *passt*.

Bei allen analysierten Begriffen konnten keine Unterschiede bei [t] ausgemacht werden.

Die Aussprache unterscheidet sich bei [k] nur sehr geringfügig. Nur bei zwei von 26 Wörtern weicht diese vom Standard ab: Die Oberwischauer Zipser sprechen von [ˈbetˌtsaiç] und [ˈmɛlçn̩] statt von [ˈbetˌtsɔyk] und [ˈmɛlkn̩].

49

8.1.2.2.2 Analyse der Differenzen bei Frikativen

Der Frikativ [f] wird im Zipser-Deutschen in über 90 % der Fälle genauso wie im Standarddeutschen realisiert. Ausnahmen sind *Stiefel* und *Hafer*. Bei Ersterem realisiert man [v] anstatt [f], wodurch es [ˈʃtiːvln̩] heißt. Zu *Hafer* sagt man in Oberwischau [ˈhåːbər], spricht also [f] statt [b].

Die Aussprache von [v] weist keine Differenz auf.

Das Phon [s] unterschied sich bei fast 75 % der Wörter nicht vom Standard. Falls [r] vor [s] erscheint, realisieren die Oberwischauer Zipser anstatt [s] [ʃ]. Folglich sagen die Oberwischauer für *Würste* und *Gerste* [virʃt] und [ˈgɛrʃtn̩]. Auch *erst* [eːe̯st] und *anders* [ˈandɐs] unterliegen dem genannten Phänomen, sodass bei ihnen die Realisierung [ɛrʃt] und [ˈanˌdərʃ] bzw. [ˈandərʃt] lautet. Dies könnte, wie bereits bei der Analyse von [ɐ] angesprochen, mit der Orthographie zusammenhängen, was noch weiter zu erforschen wäre. Scheuringer spricht bei der Realisierung von <r> statt eines Vokals auch von einem typischen Merkmal des Süddeutschen.[219]

Der Ausdruck *Sommer* fällt dagegen aus der Reihe, da er als einziges transkribiertes Beispiel mit [z] statt [s], also [ˈzʊmər], versprachlicht wird.

Kaum Unterschiede lassen sich bei den Begriffen mit [z] erkennen: So ist das Phon bei 17 von 20 Wörtern identisch. Obwohl auch andere Beispiele im Anlaut ein [z] besitzen, wird dieser bei Sonntag als [s] realisiert. Bei *zu Hause* findet keine Realisierung des letzten Vokals statt, sodass die Zipser-Deutschen [ʦu ˈhaus] sagen. Ähnlich verhält es sich bei [ˈzɛnsn̩] statt [ˈzɛnzə] für *Sense*. Der Frikativ [ʃ] variiert, abgesehen von einem Wort, nicht vom Standarddeutschen. Eine Anomalie stellt [speˈʦi̯aːl] für *spezial* dar.

Fast 70 % der Begriffe, die [ç] im Standard enthalten, besitzen diesen Frikativ auch weiterhin. Im Negationspartikel *nicht* fällt dieser im Zipser-Deutschen jedoch weg, da es [nɪt] heißt. Bei *weich* und [vaːx] ist ein weiteres Phänomen zu bemerken, da nach [aː] [x] und nicht [ç] folgt. *Chemikalien* und *nichts* lauten [kemiˈkaːli̯ən] und [nɪks]. Die gleiche Erscheinung mit [k] tritt ebenfalls bei [ˈhɛːnɪk] bzw. [ˈhøːnɪk] für [ˈhoːnɪç], also *Honig*, auf. Auch bei *Honig* könnte es sich um eine Orientierung an der normativen Orthographie handeln.

---

219 Vgl.: Scheuringer, Hermann: 2016. S. 113.

Bei allen transkribierten Begriffen mit [h], abgesehen von einem, bleibt dieser Laut erhalten. Nur [kåpt] statt [gəˈhaːpt] unterscheidet sich aufgrund des Nicht-Realisierens.

8.1.2.2.3 Analyse der Differenzen bei Affrikaten

Die Affrikaten [p͡f], [t͡ʃ] und [t͡s] finden bis auf zwei Fälle die gleiche Verwendung wie im Standarddeutschen. Das bereits erwähnte Beispiel *Zwetschgen* weist statt [t͡ʃ] [ʃ] auf, da es [ˈt͡svəʃbn̩] oder [ˈt͡svɛʃbn̩] verlautlicht wird. Der eben thematisierte Terminus [nɪks] hat anstelle [t͡s] im Auslaut [ks].

8.1.2.2.4 Analyse der Differenzen bei Approximanten, Lateralen und Nasalen

Für den Approximanten [j] liegen mit [jaːr] für *Jahre*, im Standard [ˈjaːrə] und mit [ˈjɛːdn̩] für *jäten*, im Standard [ˈjɛːtn̩], nur zwei Beispiele vor, die beide hier keine Abweichung zeigen.

Das gleiche Ergebnis erhält man bei der Analyse der 26 transkribierten Wörter des Nasals [m] und der 35 Beispiele des Laterals [l].

Die drei Beispiele [t͡sviːvl̩n], [ˈgåːbl̩] und [ˈʃtiːvl̩n], also statt *Zwiebeln*, *Gabel* und *Stiefel*, für das silbige Phon [l̩] lassen ebenfalls keine Unterschiede erkennen.

Ein kleiner Prozentsatz, circa 4 %, weicht dagegen bei dem Nasal [n] vom Standarddeutschen ab. Zum einen wegen des Nichtrealisierens von [n] in [fʊft͡sɪç] statt [ˈfʏnft͡sɪç]. Zum anderen aufgrund des Verlautlichens von [g] bei den Verben *ziehen* und *sehen*, sodass sie im Zipser-Deutschen als [ˈt͡sɛːgn̩] und [t͡siːgn̩] verbalisiert werden und der silbische Konsonant [n̩] an die Stelle des unsilbischen [n] tritt.

Umgekehrt kann dieses Phänomen auch beobachtet werden: So sagen die Oberwischauer Zipser [ˈgroːsən] und [ˈzåxən] anstatt [ˈgroːsn̩] und [ˈzaxn̩]. Dies geschieht bei zwei gegenüber 21 Wörtern aber ebenfalls relativ selten.

Beim Nasal [ŋ] sind keine Unterschiede festzustellen.

51

8.1.2.2.5 Analyse der Differenzen bei den Allophonen von \<r>

Wie bereits nach den IPA-Tabellen ausgeführt war die Verlautlichung von \<r> aufgrund der Qualität des Tonmaterials nicht näher bestimmbar (vgl.: 8.1.1.2.5 Sonderfall der Realisierung des Allophons von \<r>, S. 43). Nichtsdestotrotz kann man konstatieren, dass ein Allophon von \<r> häufiger realisiert und auch deutlicher ausgesprochen wird als im Standarddeutschen, da selten eine Realisierung als Vokal vorliegt.

8.1.2.3 Analyse der Differenzen weiterer Besonderheiten

Darüber hinaus findet man bisweilen im Zipser-Deutschen bei Substantiven, sei es im Singular oder Plural, die im Standarddeutschen auf [ə] auslauten, nach einem Nicht-Aussprechen von [ə] eine Realisierung von [n̩]. So sagt man nicht [ˈzɛnzə], [ˈzaifə], [ˈgasə], [ˈpɪltʂə], [ˈbʏrstə], [ˈpaitʃə] oder [ˈgɛrstə], sondern [ˈzɛnsn̩], [ˈzaːfn̩], [ˈgåsn̩], [ˈbɪltʂn̩], [ˈbiːrʃtn̩], [ˈbaitʃn̩] und [ˈgɛrʃtn̩].
Bei anderen Substantiven ist das Phon [ə] enthalten und die Endung wird um [n] erweitert, sodass es [ˈzʊnən] statt [ˈzɔnə] und [ˈbaːmən] statt [ˈbɔymə] heißt. Dies könnte damit zusammenhängen, dass, bis auf bei [ˈpɪltʂə], der Plural zumindest im Standard mit {n} gebildet wird. Um dies zu untersuchen, müsste man aber wahrscheinlich eine diachrone Betrachtung mit dem Mittelhochdeutschen durchführen.
Zudem werden Zahlwörter wie [nɔyn] mit einem gegenüber dem Standard zusätzlichen [ə] am Wortende realisiert, sodass die Oberwischauer Zipser [ˈnainə] sagen.
Eine weitere Besonderheit ist die bei zwei Wörtern beobachtete Realisierung von [g] bei Verben, die im Standarddeutschen mit einem Dehnungs-h geschrieben werden. Dies ist bei *ziehen*, also im Zipser-Deutschen [tʂiːgn̩], und bei *sehen*, [ˈzɛːgn̩], der Fall. Bei flektierten Formen im Singular wandelt sich [g] zu [k]. Folglich sagt man zu [ɪç tʂiːk] statt *ich ziehe* und [duː tʂiːkst] statt *du ziehst*.
Manche Unterschiede, die hier bei der Phonetik aufgeführt sind, könnte man ebenfalls zur Morphologie zählen, denn beide Bereiche lassen sich nur schwer trennen. Aus diesem Grund gehe ich bei dem Abschnitt zur Morphologie noch

einmal auf bereits aufgeführte Phänomene ein (vgl.: 8.4 Morphologie, S. 63).

Ostern existiert im zurate gezogenen Aussprachewörterbuch nicht. Anhand der dort aufgelisteten Ausspracheregeln wurde daher dieser Terminus zusätzlich in IPA erstellt.

Da nicht die Verortung des Zipser-Deutschen, sondern der Vergleich zum Standarddeutschen im Fokus dieser Arbeit liegt, wird in diesen Untersuchungsbereich hier nicht weiter vorgedrungen.

Für eine Verortung bzw. einen Vergleich mit Varietäten im bair.-österr. Raum benötigt man darüber hinaus eine gewisse Menge an Sprachmaterial, das z.B. frei im Internet zugängliche sprechende Sprachatlanten aufgrund ihrer unzureichenden Beispiele nicht zur Verfügung stellen.

Für eine exakte phonetische Verortung des Zipser-Deutschen müsste man folglich selbst Sprachmaterial in unterschiedlichen Regionen des süddeutschen Raums erheben und dieses mit dem aus Oberwischau vergleichen, was für die vorliegende Ausarbeitung aufgrund des Umfangs nicht geleistet werden kann.

8.2 Lexik

Im Folgenden stehen die Wörter, die nicht im Aussprachewörterbuch des Standarddeutschen gelistet werden, im Fokus. Es sei darauf hingewiesen, dass Morphologie, Lexik und Semantik miteinander verschränkt sind, weswegen man einige Wörter zwei oder allen drei Kategorien zuordnen könnte.

Die Realisierung der Wörter ist an GAT 2 angelehnt. Folglich „wird die bundesdeutsche gesprochen-standardsprachliche Realisierung als Bezugsnorm voraus-
gesetzt. [...] Sprechsprachliche Realisierungen, die der Bezugsnorm entspre-
chen, werden der Standardsprache entsprechend verschriftlicht".[220] Nur falls sich
Wörter oder Wortteile von dieser Norm unterscheiden, werden sie auch anders
verschriftlicht.[221] Als Norm gilt auch hier für die vorliegenden Ausführungen das
Aussprachewörterbuch des Dudenverlags.

Für das Klären der Bedeutung und der Etymologie der Wörter wurden unterschiedliche Nachschlagewerke zurate gezogen. Neben Internetwörterbüchern,
zwei Wörterbüchern von Gehl und einem von Lăzărescu und Scheuringer wurde
für die Überprüfung der Wörter im Österreichischen ein Online-Wörterbuch zu
der Mundart im Burgenland verwendet, das Sprachbeispiele enthält. All diese
Quellen sind in der Fußnote zu finden.[222]

220 Selting, Margret et Auer, Peter et al.: Gesprächsanalytisches Transkriptionssystem 2 (GAT 2). In:
    Gesprächsforschung - Online-Zeitschrift zur verbalen Interaktion. Ausgabe 2009 (10. Jahrgang). Hgg.:
    Arnulf Deppermann et Martin Hartung. S. 360. URL: http://www.gespraechsforschung-
    online.de/heft2009/heft2009.html.
221 Vgl. ebd.
222 o.A.: Langenscheidt Online. Deutsch-Rumänisch. o.O. o.J. o.S. URL: https://de.langenscheidt.com/deutsch-
    rumaenisch/.
    o.A.: Langenscheidt Online. Deutsch-Slowakisch. o.O. o.J. o.S. URL:
    https://de.langenscheidt.com/deutsch-slowakisch/.
    o.A.: Langenscheidt Online. Deutsch-Tschechisch. o.O. o.J. o.S. URL:
    https://de.langenscheidt.com/deutsch- tschechisch/.
    o.A.: Magyar Német Online. o.O. o.J. o.S. URL: https://de.magyarnemet.hu/worterbuch/deutsch-ungarisch/.
    o.A.: Österreichisches Wörterbuch. o.O. o.J. o.S. URL:https://www.oesterreichisch.net/.
    Gehl, Hans: Wörterbuch der donauschwäbischen Landwirtschaft. Franz Steiner Verlag. Stuttgart: 2003.
    Gehl, Hans: 2005.
    Grimm, Jakob et Grimm Wilhelm et al.: Deutsches Wörterbuch. o.O. o.J. o.S. URL:
    http://woerterbuchnetz.de/cgi-bin/WBNetz/wbgui_py?sigle=DWB.
    Lăzărescu, Ioan et Scheuringer, Hermann: Limba Germană din Austria. Un dicţionar german-român.
    Österreichisches Deutsch. Ein deutsch-rumänisches Wörterbuch. Verlag Karl Stutz. Passau: 2007.
    Böcskör, Martin et Buch, Judith et al.: Mundart Burgenland. o.O. o.J. o.S. URL:
    https://www.mundart-burgenland.at/mundartwoerterbuch-home.html.

Die ausführlichen Tabellen mit den 106 untersuchten Wörtern, ihrer Etymologie und ihrer Bedeutungen sind im Anhang zu finden (vgl.: Anhang 2: Tabellen Lexik, S. 137).

Die Auflistung zeigt deutlich, dass eine starke Interferenz, also eine „Einwirkung einer Sprache auf eine andere" und in diesem Fall durch mehrere Sprachen zustande kommt.[223] Auch ein wechselseitiges Wirken kann, z.b. bei *Leckwahr* („Marmelade'), das aus dem Deutschen ins Ungarische eingegangen ist und dort *lekvár* heißt, beobachtet werden.

Genau wegen dieser vielen Interferenzen ist es nur schwer möglich, zu sagen, wie viel Einfluss die unterschiedlichen Sprachen auf die Lexik des Zipser-Deutschen nehmen oder genommen haben. Zwölf Termini existieren in ähnlicher Form in mehreren osteuropäischen Sprachen, sodass dies eine etymologische Zuordnung diffiziler gestaltet.

Bei bestimmten Wörtern wurde nur eine Sprache für die Etymologie gefunden: So haben wahrscheinlich die 24 rumänischen Wörter *pui* (*Buiken/Puiken*), *borcan* (*Burkan*), *butelie* (*Butalie/Butelie*), *tocană* (*Tockern*), *Felul doi* (*Felodoi*), *frigider* (*Frischidehren*), *cloşcă* (*Glutschka*), *găluşcă* (*Haluschkn/Haluschkern*), *chiuvetă* (*Kjuwetta*), *gem* (*Tschem*), *lac* (*Låkn*), *mălai* (*Malai*), *noroc* (*Norok*), *noptieră* (*Obdjäre*), *operă* (*Opera*), *tată* (*Tata/Ohtater/Ohtata*), *Paşte* (*Pastkakorb*), *revoluţie* (*Rewoluzie*), *salut* (*salut*), *şifonier* (*Schifoner/Schiffonär*), *şofer* (*Schofför*), *sterp* (*starpa*), *trotuar* (*Trotoar/Trotuar*) und *ferăstrău circular* (*Zirkularen*) Einzug in das Zipser-Deutsche gehalten und stellen fast ein Viertel der bei der Lexik untersuchten Begriffe dar. Den Untersuchungen zufolge sind die sechs Termini *bácsi* (*Batschi*), *futballpálya* (*Fotbållbeier*), *gombóc* (*Gombozn*), *lángos* (*Langusch*), *moslék* (*Moschlek*) und *csurak* (*Reckerl/Reckel*) aus dem Ungarischen in die hier untersuchte Varietät eingegangen.

Allerdings kommen viele Wörter, auch wenn sie teilweise eine andere Etymologie besitzen, auch im süddeutschen Raum, also in den bair.-österr. Mundarten, vor.

Neben dem Rumänischen und Ungarischen haben wohl auch weitere osteuropäische Sprachen wie das Tschechische mit z.B. *buchty* (Buchteln) und eventuell

---

223 Glück, Helmut: Interferenz. In: Metzler Lexikon Sprache. Hg.:. Helmut Glück. Verlag J.B. Metzler. Stuttgart/Weimar: 2000. S. 310.

das Slowakische mit *burina* (*Burean*) Einfluss auf das Zipser-Deutsche genommen. Gehl attestiert den 13 Ausdrücken *Bub* (*Bub*), *Fleischhacker* (*Fleischhåcker*), *Gelse* (*Gelsn*), *Holler* (*Hohler*), *Knofel* (*Knowern*), *Kuchl* (*Kucherl*), *Obacht* in *Obachtgeber* (*Obåcht*), *Ribisel* (*Ribisel*), *Rodel* (*Rodel/Rodli*), *Schwammerl* (*Schwammerl*), *selchen* (*selchen*), *Umurken* (*Umurken*) und *Zwetschke* (*Zweschbe*) eine Herkunft aus dem Bair.-Österr. oder allgemein aus dem südd. Raum. In ihrem österreichisch-rumänischen Wörterbuch führen Lăzărescu und Scheuringer *Gerstelsuppe* (*Gerschtalsuppe/Gerschtensuppe*), *Runkel* (*Runkeln*), *ausfra(t)scheln* (*Fradschelie*) als bair., *Jause* (*Jause*), *Kotzen* (*Kotzen*), *Reibfetzen* (*Reibfetzen*) und *wurl(e)n* (wuhreln) als österr. auf. *Goschn* (*Goschn*) und *Jänner* (*Jänner*) werden in Grimms Wörterbuch ebenfalls zu den obd. bzw. südd. Ausdrücken gezählt.

Im österreichischen Burgenland kennt man zudem die 27 Wörter *Egretscherl* (*Ägresch*), *Amper* (*Amper*), *pölzn* (*behtzn*), *brunzn* (*brunsn*), *Dutterl* (*Dudli/Dudeli*), *enk* (*enk*), *Keaschtn* (*Gerschterln*), *Grind* (*Grint*), *Grumpan* (*Grumpern/Krumpern*), *Hetschpetsch* (*Hetscher-Betscher*), *heuer* (*heier*), *Knoufl* (*Knowern*), *Gogosch* (*Kokoschn*), *Gugariz* (*Kokurus*), *Kuchl* (*Kucherl*), *Lekwar* (*Leckwahr*), *Mohgn* (*Mågen*), *mahn* (*madn*), *nahn* (*nahdn*), *Ouwocht* (*Obåcht*), *Rasierer* (*Råsierer*), *Riwissl* (*Ribisel*), *seilat* (*Sailentisuppn*), *Stepsl* (*Stopper/Stoppel*), *Woats* (*Wats*), *wurln* (*wuhreln*) und *Zweschbm* (*Zweschbe*).

Drei weitere bis dato ungeklärte Begriffe waren in der Datenbank des angegebenen österreichischen Online-Wörterbuchs zu finden: *Bletschen* (*Blehtschn*), *moring* (*moring*) und *Strauchen* (*Strauchen*).

Allerdings muss festgehalten werden, dass die Etymologie von 13 Wörtern, einschließlich der Begriffe, von denen sie abstammen, nicht ermittelt werden konnte.

Trotz der Dominanz des Rumänischen lässt sich dennoch bemerken, dass circa die Hälfte der Wörter gesichert aus dem süddeutschen, sprich vor allem aus dem bairisch-österreichischen, Raum stammen.

56

8.3. Semantik

Manche Wörter unterscheiden sich äußerlich überhaupt nicht oder nur bedingt von ihren Pendants im Standarddeutschen, weisen allerdings Bedeutungsunterschiede auf. Diese gilt es in diesem Abschnitt aufzuzeigen.
Die hier aufgeführten Wörter existieren auch im Standarddeutschen, haben allerdings eine andere Bedeutung. Aus diesem Grund wurde in dieser Arbeit zwischen Lexik und Semantik unterschieden.
Für das Klären der Bedeutungen, damit ein Unterschied zum Standard festgestellt werden kann, wurde das »Duden. Deutsches Universalwörterbuch« genutzt.[224] Dieses gibt teilweise auch Hinweise auf den regionalen Sprachgebrauch, worauf in der Tabelle hingewiesen wird. Für die Übersetzungen und Bedeutung dienen die gleichen Nachschlagewerke wie bei der Lexik. Alle Wörter, die hier bei Gehl aufgeführt sind, benutzen ebenfalls Sprecher in anderen Regionen Rumäniens, wodurch diese Ausdrücke usuelle Bedeutungen besitzen.

---

224 o.A.: Duden. Deutsches Universalwörterbuch. 7. Auflage. Hgg.: Dudenredaktion. Dudenverlag. Mannheim/Zürich: 2011.

Zipser-Deutsch	Standarddeutsch	Bedeutung im Zipser-Deutsch	Differenz
abbutzen	*abputzen*	'schälen' z.b. Äpfel (bei Gehl: 'säubern', 'glätten', allerdings auch Holz von der Rinde)	im Vergleich zum Standard liegt hier eine weitere Bedeutung vor
ausnahdn	*ausnähen* (als Kompositum gramm. möglich, wenn auch nicht im Duden zu finden)	'stopfen' (bei Gehl: 'entlang einer Markierung nähen')	ein Kompositum, das so nicht im Standard existiert
bloßfußig	-	'barfuß' (bei Gehl: *bloßfüßig*)	mit *bloß-* statt *bar-* anderes Adverb für das Kompositum im Zipser-Deutschen
då	*da*	'hier', 'da'	im Gegensatz zum Standard liegt hier eine Bedeutungserweiterung vor
dummeln	*sich tummeln*	'sich beeilen' (nach Duden: österr.)	im Gegensatz zum Standard liegt hier eine andere Bedeutung vor

Tabelle 8: Semantik A-D

Zipser-Deutsch	Standarddeutsch	Bedeutung im Zipser-Deutsch	Differenz
es	*es*	'ihr'/'man'	Das Pronomen *es* gilt im Standard für die 3. Pers. Sg., im Zipser-Deutschen wird *es* auch für das Persononalpronomen in der 2. Person Pl. *ihr* bzw. für das Indefinitpronomen *man* genutzt
eintreten	*eintreten*	'das Heu auf dem Schober plattmachen' (bei Gehl: zur Verarbeitung in ein Gefäß einstampfen)	im Gegensatz zum Standard bezeichnet dieses Verb nicht das 'Hineindrücken in den Boden' o.Ä. sondern das 'Zusammendrücken'
Gwånd	*Gewand*	'Kleidung' (bei Gehl: 'Kleidung', 'Anzug')	bezeichnet nicht wie im Standard nur ein festliches Kleidungsstück, sondern gilt allgemein für Kleidung
Grad	*Grad*	'Prozent bei Alkohol' (bei Gehl: 'Einheit für Temperatur', 'Einheit für den Alkoholgehalt von Getränken')	*Grad* wird hier für eine Messeinheit verwendet, die man im Standard in Prozent angibt, womit dieses Wort eine zusätzliche Bedeutung im Gegensatz zum Standard umfasst

Tabelle 9: Semantik E-G

Zipser-Deutsch	Standard-deutsch	Bedeutung im Zipser-Deutsch	Differenz
Kåmmer	*Kammer*	'Vorratskammer'	im Gegensatz zum Standard liegt hier eine Bedeutungs-verengung vor
klauben	*klauben*	'pflücken' (bei Gehl: *klauben* hier mit bair.-österr. Be-deutung)	statt im Standard bedeutet es nicht nur 'etwas mühsam aus oder von etwas entfer-nen', sondern bezieht sich einfach auf die Tätigkeit an sich, was eine verallgemei-nernde Bedeutung darstellt
Klient	*Klient*	'Kunde' (rum. *client*)	nicht nur auf Ratsuchende wie im Standard beschränkt, sondern allgemeiner
Nåchtmåhl	*Nachtmahl* (als Kompositum gramm. möglich, wenn auch nicht im Duden zu fin-den)	'Abendessen' (bei Gehl: 'Abendes-sen', 'Abendbrot', bair.-österr.)	bezieht sich hier nicht expli-zit auf die Nacht, sondern e-her auf den Abend und *Nacht* besitzt somit hier eine andere, wohl eher er-weiterte Bedeutung als im Standard
repetiert	*repetiert*	'wiederholt' (rum. *a repeta*)	verallgemeinernder als im Standard, nicht nur auf Ler-nen oder Wiederholen einer Klasse beschränkt

Tabelle 10: Semantik K-R

Zipser-Deutsch	Standarddeutsch	Bedeutung im Zipser-Deutsch	Differenz
Schåln	*Schale*	'Tasse' (nach Duden: österr.)	hier liegt im Gegensatz zum Standard, in dem eine Schale normalerweise keinen Henkel hat, eine andere Bedeutung vor
Schanz	*Schanze*	'Graben' (bei Gehl: Erdvertiefung, Graben, polnisch: *szaniec*)	im Gegensatz zum Standard ist hiermit kein Wall, sondern eine Erdvertiefung gemeint, weswegen es eine andere Bedeutung hat
schneller	*schneller*	'früher'/'eher'	nicht auf Geschwindigkeit an sich reduziert wie im Standard, sondern auch auf den Zeitpunkt eines Beginns; erweiterte Bedeutung
Summerlkucherl	*Sommerküche* (als Kompositum gramm. möglich, wenn auch nicht im Duden zu finden)	'offene Küche, die draußen ist' (bei Gehl: 'rückwärts gelegener Raum, in dem man im Sommer kocht und Hausarbeiten verrichtete')	ein Kompositum, das so nicht im Standard existiert
Weib	*Weib*	'Frau' (bei Gehl: '(erwachsene) Frau', 'Ehefrau')	verallgemeinernder als im Standard, kein Pejorativ
wie	*wie*	'als', 'wie'	wird anders als im Standard auch bei einem Komparativ gebraucht und drückt einen Zeitpunkt aus; erweiterte Bedeutung als im Standard bzw. umgangssprachlicher Gebrauch

Tabelle 11: Semantik S-W

Bei der Auflistung der Bedeutungsunterschiede zum Standard ist auffällig, dass die meisten Wörter entweder im Obd. und in anderen deutschen Varietäten in Rumänien die gleiche oder ähnliche Bedeutung besitzen. Zudem spielt auch hier wie bei der Lexik die Interferenz, vor allem aus dem Rumänischen, eine bedeutsame Rolle für die Semantik. Darüber hinaus scheint, dass der Begriff *Weib* im Gegensatz zum Standard keinen Bedeutungswandel erfahren hat. Inwieweit das Zipser-Deutsch ältere Bedeutungen bewahrt hat, muss aus Gründen des Umfangs allerdings in einer anderen Studie untersucht werden.

Um den Gebrauch von *es*, das in der Tabelle 8 aufgeführt ist, nachvollziehbar zu zeigen, folgt hier nun ein Beispiel aus dem Zipser-Deutschen (vgl.: S. 58 f.):

Es macht ka Kreiz nit.

Wenn man *es* durch *ihr* oder *man* ersetzt, so erhält man ins Standarddeutsche übersetzt den Satz *ihr/man macht kein Kreuz nicht*. Bis auf die doppelte Verneinung, auf die später noch im Bereich der Syntax eingegangen wird, ist der Satz nun im Standard als korrekt anzusehen.

8.4 Morphologie

Bei Abweichungen vom bundesdeutschen Standarddeutsch wird ebenfalls wie bei der Lexik und Semantik die Orthographie an GAT 2 angelehnt. Wie bereits erwähnt wurden manche dieser Phänomene schon bei der Phonetik thematisiert, da sich beide Bereiche überschneiden.

8.4.1 Substantive

Bei den Substantiven existieren mehrere unterschiedliche Auffälligkeiten, die mit der Deklination und mit der Wortbildung zusammenhängen.

8.4.1.1 Deklination von Substantiven

Bei der Deklination soll zwischen Singular und Plural unterschieden werden. Zur Deklination werden auch Artikel, Demonstrativpronomen, Präpositionen und Adjektive, die mit dem Substantiv in direktem Zusammenhang stehen, gezählt.

8.4.1.1.1 Singular

Da der Nominativ Singular quasi die Grundform des Substantivs darstellt und es dadurch kein Flexionsmorphem selbst besitzt, wird hier die Endung des Substantivs nur als Phon gekennzeichnet. In diesem Abschnitt gibt es keine gesicherte Zuordnung des Genus, da bei den Tonaufzeichnungen nicht explizit nach dem Genus der Substantive gefragt wurde. Aufgrund der Artikel, Pronomina und Adjektive können bei manchen Nomen nur Vermutungen über ein anderes Genus als im Standarddeutschen geäußert werden. Für zweifelsfreie Aussagen über das Geschlecht der Substantive müssten weitere Befragungen stattfinden.

Kasus und Numerus	Standard-deutsch	Zipser-Deutsch	Differenz
Nominativ Singular	*die Brücke*	*die Bruckn*	Nom. Sg. f. mit anderem Auslaut: [ə] im Standard, [n̩] im Zipser-Deutschen und kein Umlaut im Wortinneren
	die Sense, die Kreide, die Rinde	*die Sensn, die Kreidn, die Rindn*	Nom. Sg. f. mit anderem Auslaut: [ə] im Standard, [n̩] im Zipser-Deutschen
	die Sprache, der Markt, die Birne, das Auge	*die Språch, der Mårk, die Birn, das Aug*	Nom. Sg. mit anderem Auslaut: [ə] oder [t] im Standard, ø im Zipser-Deutschen nach dem Konsonanten
	die Familie,	*die Famili*	Nom. Sg. f. mit anderem Auslaut: [ə] im Standard, ø im Zipser-Deutschen nach [i]
	eine Karte	*ein Karte*	Nom. Sg. flexionsmorphologisch beim unbestimmten Artikel ohne Markierung: {e} im Standard, ø im Zipser-Deutschen; ggf. Maskulinum statt Femininum
	dieser Schnaps	*diese Schnåps*	Nom. Sg. flexionsmorphologisch beim Demonstrativpronomen mit anderer Markierung: {er} im Standard, {e} im Zipser-Deutschen; ggf. Femininum statt Maskulinum
	ein anderes Gerät	*ein andern Gerät*	Nom. Sg. flexionsmorphologisch beim Adjektiv mit anderer Markierung: {es} im Standard, {n} im Zipser-Deutschen; ggf. m statt n
	ein schöner Ort	*ein schönes Ort*	Nom. Sg. flexionsmorphologisch beim Adjektiv mit anderer Markierung: {er} im Standard, {es} im Zipser-Deutschen; ggf. Neutrum statt Maskulinum
	ein kleines Gespräch	*ein kleiner Gespräch*	Nom. Sg. flexionsmorphologisch beim Adjektiv mit anderer Markierung: {es} im Standard, {er} im Zipser-Deutschen; ggf. Maskulinum statt Neutrum

Tabelle 12: Morphologie Substantive Nominativ Singular

Kasus und Numerus	Standard-deutsch	Zipser-Deutsch	Differenz
Genitiv Singular	*Gerts*	*dem Gert seine*	Gen. Sg. flexionsmorphologisch ohne Markierung: {s} im Standard, ø im Zipser-Deutschen und Markierung durch bestimmten Artikel im Dativ mit zusätzlichem Possessivpronomen
Akkusativ Singular	*[...] einen guten Geschmack*	*[...] ein gutes Geschmack*	Akk. Sg. flexionsmorphologisch beim unbestimmten Artikel ohne Markierung und beim Adjektiv mit anderem Flexionsmorphem: {en} und {en} im Standard, ø beim unbestimmten Artikel und mit {es} beim Adjektiv im Zipser-Deutschen; ggf. Neutrum statt Maskulinum

Tabelle 13: Morphologie Substantive Genitiv und Akkusativ Singular

Anhand dieser Beispiele wird ersichtlich, dass Adjektive oder unbestimmte Artikel im Zipser-Deutschen kein oder ein anderes Flexionsmorphem als im Standard aufweisen. Wie bereits angemerkt, kann dies auf ein anderes Genus dieser Nomen im Zipser-Deutschen hinweisen.

Zudem besitzen einige Wörter im Zipser-Deutschen im Auslaut [ŋ] oder enden auf einen Konsonanten anstelle auf den Vokal [ə] im Standard. Aus diesem Grund könnte es durchaus möglich sein, dass die gleiche Kasusendung für unterschiedliche Kasus gebraucht wird und somit keine Markierung im Gegensatz zum Standard ersichtlich ist. Dies müsste jedoch noch überprüft werden.

Zudem muss an dieser Stelle noch erwähnt werden, dass der unbestimmte maskuline Artikel auf Zipser-Deutsch nicht *ein*, sondern *a* heißt.

8.4.1.1.2 Plural

Die Substantive im Plural in den beiden folgenden Tabellen sind jeweils nach Nominativ und Akkusativ unterteilt, da nicht bewiesen ist, dass beide Kasus bei Feminina und Neutra wie im Standard gleich lauten.

Kasus und Numerus	Standard-deutsch	Zipser-Deutsch	Differenz
Nominativ Plural	*die Jahre*	*die Jåhr*	Nom. Pl. flexionsmorphologisch unmarkiert: {e} im Nom. Pl. im Standard, ø im Zipser-Deutschen
	die Mäuse	*die Mais*	
	die Schweine	*die Schwein*	
	die Säle	*die Saale*	flexionsmorphologisch nur im Auslaut markiert: {e} im Nom. Pl. im Standard und Umlaut im Wortinneren, {e} im Zipser-Deutschen und kein Umlaut im Wortinneren
	die Tage	*die Täg*	flexionsmorphologisch im Auslaut unmarkiert und mit Umlaut markiert: {e} im Nom. Pl. im Standard und kein Umlaut im Wortinneren, ø im Auslaut im Zipser-Deutschen und Umlaut im Wortinneren
	die Schafe	*die Schäf*	
	die Bäume	*die Bahmer/Bäumer*	flexionsmorphologisch mit {er} markiert, teilweise ohne Umlaut markiert: {e} im Standard mit umgelautetem Diphthong im Wortinneren, {er} im Zipser-Deutschen und teilweise kein umgelauteter Diphthong Wortinneren
	die Gesänge	*die Gsanger*	
	die Enkel	*die Enkeln*	flexionsmorphologisch markiert: {n} im Zipser-Deutschen, ø im Standard
	die Zimmer	*die Zimmern*	

Tabelle 14: Substantive im Nominativ Plural I

Kasus und Numerus	Standard-deutsch	Zipser-Deutsch	Differenz
Nominativ Plural	*die Nüsse*	*die Nüssn/Nussn*	flexionsmorphologisch mit anderer Markierung: {e} im Standard mit Umlaut im Wortinneren, {n} im Zipser-Deutschen und teilweise ohne Umlaut
	solche Orte	*solche Orten*	flexionsmorphologisch mit anderer Markierung: {e} im Standard, {en} im Zipser-Deutschen
	die Hunde	*die Hunden*	
	zwei Augen	*zwei Augen*	keine morphosyntaktischen Unterschiede

Tabelle 15: Substantive im Nominativ Plural II

Kasus und Numerus	Standard-deutsch	Zipser-Deutsch	Differenz
Akkusativ Plural	*in Blöcken*	*in Blocken*	Akk. Pl. flexionsmorphologisch mit Markierung am Wortauslaut und ohne Umlaut im Wortinneren: {en} am Wortauslaut mit Umlaut im Standard, {en} am Wortauslaut und ohne Umlaut Zipser-Deutschen
	die Hähne	*die Hähnern*	flexionsmorphologisch mit anderer Markierung am Wortauslaut: {e} am Wortauslaut im Standard, {ern} am Wortauslaut im Zipser-Deutschen
	die Äpfel	*die Äpfeln*	flexionsmorphologisch mit Markierung am Wortauslaut: ø am Wortauslaut im Standard, {n} am Wortauslaut im Zipser-Deutschen

Tabelle 16: Substantive Akkusativ Plural I

Kasus und Numerus	Standard-deutsch	Zipser-Deutsch	Differenz
	die Nüsse	*die Nüssen*	flexionsmorphologisch mit Markierung am Wortauslaut: {e} am Wortauslaut im Standard, {en} am Wortauslaut im Zipser-Deutschen
	in die Berge	*in die Berger*	flexionsmorphologisch mit Markierung am Wortauslaut: {e} am Wortauslaut im Standard, {er} am Wortauslaut im Zipser-Deutschen
Akkusativ Plural	*viele Bienenstöcke*	*viele Bienensteck*	flexionsmorphologisch ohne Markierung am Wortauslaut und ohne Umlaut im Wortinneren: {e} am Wortauslaut mit Umlaut im Wortinneren im Standard, ø am Wortauslaut und ohne Umlaut im Zipser-Deutschen; siehe Phonetik [œ]
	in die Säcke	*in die Säck*	flexionsmorphologisch ohne Markierung am Wortauslaut: {e} am Wortauslaut mit Umlaut im Wortinneren im Standard, ø am Wortauslaut im Zipser-Deutschen

Tabelle 17: Substantive Akkusativ Plural II

Die Beispiele mit Präpositionen könnten ebenfalls bei der Kasusrektion aufgeführt werden, da diese eventuell einen anderen Kasus des Substantivs nach sich ziehen als im Standarddeutschen.

Auffällig bei den Pluralbildungen ist die Vielzahl an unterschiedlichen Bildungsformen. So werden manche Pluralformen nur mithilfe des Artikels markiert, wobei die gleichen Termini im Standard {e} aufweisen. Zudem bilden die Oberwischauer Zipser gewisse Pluralformen mithilfe eines Umlauts, der im Standard nicht realisiert wird oder andersherum. Auf [g], [k] oder [m] auslautende Substantive im Singular werden mit {er} in den Plural gesetzt, auf [l] und [r] auslautende, mit der Ausnahme *Saal*, mit {n}, auf [t] auslautende mit {en} und auf [n] auslautende mit {ern}.

Auch wenn der Nominativ Singular von *Auge* im Zipser-Deutschen *Aug* heißt, wird der Plural wie im Standarddeutschen gebildet.

Insgesamt bleibt festzuhalten, dass sich die flexionsmorphologische Bildung des Plurals häufig von der des Standards unterscheidet.

Die in den letzten beiden Tabellen aufgeführten Substantive im Plural sind im Gespräch allesamt im Akkusativ verwendet worden. Da nicht zu einhundert Prozent geklärt wurde, ob sie genauso im Nominativ lauten, wurde ihnen nur der Kasus Akk. zugeschrieben.

8.4.1.2 Wortbildung

Für die Wortbildung von Substantiven konnten Beispiele für drei Gattungen gefunden werden: Komposita, Ableitungen und Diminutive.

8.4.1.2.1 Komposita

Fünf Beispiele haben die Gewährspersonen für Komposita geäußert, die sich vom Standarddeutschen unterscheiden. Sie lauten *Bådzimmer, Weberstuhl, Fåsteness, Grießimilch* und *Reisimilch*. Bei ersterem ist im Gegensatz zum Standarddeutschen kein Fugen-e enthalten. Das zweite besteht aus dem direkten Zusammenfügen der Berufsbezeichnung, die das Wortbildungsmorphem {er} für ein Nomen agentis enthält, und dem Arbeitsutensil.

Die beiden Speisenbezeichnungen *Grießimilch* und *Reisimilch* werden dem Standard gegenüber unüblich mit dem Fugenelement {i} gebildet. Bei *Grießbrei* und *Milchbrei* im Standard ist kein Fugenelement vorhanden. Zudem kann man bemerken, dass bei *Milchreis* beide Substantive andersherum für das Kompositum angeordnet sind als im Zipser-Deutschen. *Fåsteness* steht für *Fastenessen*, bei dem die letzte Silbe nicht realisiert ist.

8.4.1.2.2 Ableitungen

Bei der Analyse der Interviews sind drei Ableitungen aufgefallen, die sich vom Standarddeutschen unterscheiden. Die Oberwischauer Zipser sprechen zum einen von *Rumäner* und *Rumänerin*, wozu man im Standard *Rumäne* und *Rumänin* sagen würde.

Mit hoher Wahrscheinlichkeit handelt es sich hier um eine Ableitung des rumänischen *român*, das ,Rumäne' bedeutet und dem die Wortbildungsmorpheme {er} bzw. {erin} für Personenbezeichnungen, Nomen agentis, angehängt werden, auch wenn es sich bereits vorher um ein Substantiv gehandelt hat.[225] Zum anderen sagen sie zu *Sessel* im Standard *Sesser*, bilden folglich diese Ableitung mit {er} anstatt mit {el}.

8.4.1.2.3 Diminutive

Im Standarddeutschen sind die Diminutivmorpheme {chen} und {lein} gebräuchlich.[226] Für die Absicherung der Formen im Standarddeutschen wurde das »Duden Online-Wörterbuch« genutzt, da im »Duden. Deutsches Universalwörterbuch« die meisten Diminutive fehlen.[227]

Nur das korrekte Diminutiv von *Hocker* war auch beim Wörterbuch im Internet nicht zu finden, weswegen hier beide nach der Grammatik möglichen Formen aufgeführt sind:

---

225 Vgl.:o.A.: Langenscheidt Online. Deutsch-Rumänisch. o.O. o.J. o.S. URL: https://de.langenscheidt.com/deutsch-rumaenisch/.

226 Vgl.: o.A.: De Gruyter Lexikon. Deutsche Morphologie. Hgg.: Elke Hentschel et Petra M. Vogel. De Gruyter Verlag. Berlin/New York: 2009. S. 71.

227 Vgl.: o.A.: Duden Online. Hg.: Dudenredaktion. o.O. o.J. o.S. URL: https://www.duden.de/woerterbuch.

Numerus	Standard-deutsch	Zipser-Deutsch	Differenz
	Bierchen	*Bierle*	anderes Diminutivmorphem: {chen} im Standard, {le} im Zipser-Deutschen
	Kämmchen	*Kammperl*	anderes Diminutivmorphem und kein Umlaut im Wortinneren: {chen} im Standard und Umlaut, {erl} und kein Umlaut im Zipser-Deutschen
	Schnäpschen	*Schnapserl*	
Singular	*Wägelchen*	*Wågerl*	anderes Fugenelement, anderes Diminutivmorphem, kein Umlaut im Wortinneren: {el} als Fugenelement mit {chen} als Diminutivmorphen und Umlaut im Standard, {rl} mit Fugenelement {e} und kein Umlaut im Zipser-Deutschen
	Hockerchen (ggf. *Hockerlein*)	*Hockerl*	anderes Diminutivmorphem und kein Umlaut im Wortinneren: {chen} oder {lein} im Standard, {erl} im Zipser-Deutschen
	Lämmchen	*Lamperl/ Lampel*	anderes Diminutivmorphem und kein Umlaut im Wortinneren: {chen} im Standard und Umlaut, {erl} oder {el} und kein Umlaut im Zipser-Deutschen
	Zicklein	*Zickl*	anderes Diminutivmorphem: {lein} im Standard, {l} im Zipser-Deutschen
	Kännchen	*Kånscho*	anderes Diminutivmorphem: {chen} im Standard, {scho} im Zipser-Deutschen

Tabelle 18: Diminutive Singular

Numerus	Standard-deutsch	Zipser-Deutsch	Differenz
Plural	*Lämmchen*	*Lampern*	anderes Diminutivmorphem und Pluralmorphem: {chen} im Standard ohne Pluralmorphem, {er} als Diminutivmorphen und {n} als Pluralmorphem im Zipser-Deutschen
	Wägelchen	*Wågerln*	anderes Diminutivmorphem, kein Umlaut im Wortinneren und Pluralmorphem: {chen} im Standard ohne Pluralmorphem mit Umlaut, {erl} als Diminutivmorphen ohne Umlaut und {n} als Pluralmorphem im Zipser-Deutschen
	Hähnchen	*Händeln*	anderes Diminutivmorphem und Pluralmorphem: {chen} im Standard ohne Pluralmorphem, {el} als Diminutivmorphen und {n} als Pluralmorphem im Zipser-Deutschen; bei *Fasseln* kein Umlaut gegenüber dem Standard
	Schwein-chen	*Schweindeln*	
	Fässchen	*Fasseln*	

Tabelle 19: Diminutive Plural

Angesichts der aufgeführten Tabelle lässt sich sagen, dass die Oberwischauer Zipser die im Standarddeutschen üblichen Diminutivmorpheme {chen} und {lein} nicht verwenden. Stattdessen gebrauchen sie {le}, {erl}, {el}, {l} und zumindest bei *Lampern* {er} und bei *kånscho* {scho}. Laut »Duden. Österreichisches Deutsch« sind die Diminutiv-Morpheme {erl}, {l} und {le} im österreichischen Deutsch gebräuchlich.[228]

Im Zipser-Deutschen scheint es mit {n} ein Pluralmorphem zu geben, das den Plural eines Nomens im Diminutiv markiert, was im Standarddeutschen nicht der Fall ist. Nur bei *Händeln* tritt bei der Bildung eines Diminutivs ein Umlaut anstelle des Vokals [a] auf, was für den bundesdeutschen Standard durchgängig der Fall ist.

---

228 Vgl.: o.A.: Duden. Österreichisches Deutsch. Hg.: Dudenverlag. Mannheim/Zürich: 2008. S. 38 f.

8.4.1.2.4 weitere Differenzen bei Substantiven

Neben den bisher aufgezeigten Bereichen weisen zwei weitere Substantive eine morphologische bzw. je nach Sichtweise, einen stilistischen Unterschied auf: *Geschirr*, in das man Ochsen einspannt, heißt im Zipser-Deutschen *Schier*. Die erste Silbe des Standards wird also nicht verlautlicht. Da dieses Wort vom ahd. *giscirri* abstammt, vermag ich an dieser Stelle nicht zu entscheiden, ob <ge> ein Wortbildungsmorphem darstellt oder nicht.

Das andere Nomen ist *Omama* für die Koseform *Oma*. Im Vergleich zum Standard findet man hier eine Reduplikation der letzten Silbe.

8.4.2 Adverben und Adjektive

Da Adverben und Adjektive in manchen Fällen schwer voneinander zu trennen sind, handelt dieser Abschnitt von beiden Wortarten. Die dazugehörige Tabelle folgt auf der nächsten Seite.

Wortart	Standard-deutsch	Zipser-Deutsch	Differenz
Adverb	*woher* (*kommst du*)/*wohin* (*gehst du*)	*wo* (*kummst/gehst*)	kein Morphem für eine Richtungsangabe: {her} und {hin} stehen für eine Richtung im Standard, ø für Richtung im Zipser-Deutschen
	ärger	*ärgerer*	anderes Morphem für den Komparativ: {er} als Suffix im Standard, {erer} als Suffix im Zipser-Deutschen; ggf. Reduplikation des Morphems
	eher	*ehra*	anderes Morphem für den Komparativ: {er} als Suffix im Standard, {ra} als Suffix im Zipser-Deutschen
Adjektiv/Adverb	*kleiner*	*kläner*	Umlaut für den Komparativ: kein Umlaut im Standard, Umlaut im Zipser-Deutschen; *klan* als Positiv
	moderner	*modernerisch*	anderes Morphem für den Komparativ: {er} im Standard, {erisch} im Zipser-Deutschen; evtl. Komparativmorphem {er} plus dem Wortbildungsmorphem {isch} für Adjektive
Adjektiv	*untere* (*Gasse*)	*untrige* (*Gåssn*)	anderes Wortbildungsmorphem für das Adjektiv: {e} als Suffix im Standard, {rige} als Suffix an der ersten Wortsilbe im Zipser-Deutschen angefügt
	(*den*) *halben* (*Tag*)	(*den*) *halberten* (*Tag*)	anderes Wortbildungsmorphem für das Adjektiv: {e} als Suffix beim Nominativ im Standard, {erte} als Suffix im Zipser-Deutschen

Tabelle 20: Adjektive und Adverben

Es steht im Zipser-Deutschen kein Morphem für die Richtungsangabe: {her} oder {hin} stehen für eine Richtung im Standard, wobei diese Richtungsangabe im Zipser-Deutschen nicht vorhanden ist.

74

Bei der Betrachtung der Adjektive bzw. Adverben sind darüber hinaus noch weitere Unterschiede aufgefallen. Diese betreffen allerdings nicht allein die Morphologie, sondern stellen gänzlich andere Wörter dar, weswegen sie bei der Lexik aufgeführt sind (vgl.: Lexik 8.2, S. 54).

8.4.3 Verben und Personalpronomen

Eine Gewährsperson hat bei der Befragung das Verb *gehen* im Präsens Aktiv Indikativ in allen Personalformen konjugiert, was in der folgenden Tabelle auf der nächsten Seite eingetragen ist und einen Überblick über dieses System im Zipser-Deutschen geben soll. Da Personalpronomen ganz eng mit der Konjugation verknüpft sind, stellen diese ebenfalls einen Teil dieses Abschnitts dar.

Person und Numerus	Standard-deutsch	Zipser-Deutsch	Differenz
1. Person Singular	*ich gehe*	*ich geh*	1. Pers. Sg. flexionsmorphologisch unmarkiert: {e} als Markierung im Standard, ø im Zipser-Deutschen
2. Person Singular	*du gehst*	*du gehst*	keine
3. Person Singular	*er geht*	*er geht*	keine
1. Person Plural	*wir gehen*	*uns geh mer*	1. Pers. Pl. flexionsmorphologisch unmarkiert: {en} im Standard, ø im Zipser-Deutschen; alleinige Markierung mit *wir* im Standard, mit den Pronomina *uns* und *mer* im im Zipser-Deutschen
2. Person Plural	*ihr geht*	*es geht*	2. Pers. Pl. flexionsmorphologisch keine Differenz beim Verb; statt Pronomen *ihr* im Standard Pronomen *es* im Zipser-Deutschen
3. Person Plural	*sie gehen*	*sie gehent*	3. Pers. Pl. flexionsmorphologisch mit anderer Markierung: {en} als Markierung im Standard, {ent} im Zipser-Deutschen

Tabelle 21: Konjugation von *gehen*

Bei der 1. Person Singular befindet sich im Gegensatz zum bundesdeutschen Standard kein {e} als Auslaut. Dies ist auch bei der 1. Person Plural der Fall. Hier ist allerdings eine Markierung mithilfe des Reflexivpronomens *uns* und dem nachgestellten Personalpronomen *mer* für *wir* vorhanden. Die 2. Person Plural weist morphologisch keine Veränderung auf, sondern nur bei dem Personalpronomen *es* anstelle von *ihr*. Die Flexionsendung der 3. Person Plural wird mit {ent} statt {en} realisiert.

Eine Besonderheit stellt das Verb *erzählen* dar, da dies im Zipser-Deutschen *derzählen* heißt. Ob [d] ein zusätzliches Präfix sein könnte, müsste noch weiter untersucht werden. Darüber hinaus sagen die Oberwischauer Zipser *sie sein weg* statt *sie sind weg*, gebrauchen also den Infinitiv und nicht die flektierte Form für dieses Verb in der 3. Person Plural.

Im Konjunktiv sagen sie statt des standarddeutschen *wäre wäret*.

Partizip-Perfekt-Formen im Standarddeutsch	Partizip-Perfekt-Formen im Zipser-Deutschen	Differenz
gehabt, gearbeitet, gegessen, geheißen, geheiratet	*kåpt, kårbeit, kessen, keißen, keiråt*	flexionsmorphologisch mit anderer Markierung im Präfix: {ge} als Markierung im Standard, {k} im Zipser-Deutschen; [h] des Infinitivs ist nicht vorhanden
gewesen, gewaschen, geschlachtet, gesagt, gemäht	*gwesen, gwåschen, gschlåcht, gsågt, gmahd*	flexionsmorphologisch mit anderer Markierung im Präfix: {ge} als Markierung im Standard, {g} im Zipser-Deutschen
gestohlen, getrunken, gestorben, gebissen, gekommen, gespien	*stohln, trunken, storben, bissn, kummen, spieben*	flexionsmorphologisch ohne Markierung im Präfix: {ge} als Markierung im Standard, ø im Zipser-Deutschen
abgemäht, abgebunden, vorbeigeflogen, weggegangen, ausgetrocknet	*abmaht, abbunden, vorbeiflogen, weggången, austrickert*	flexionsmorphologisch ohne Markierung im Wortinneren: {ge} als Markierung im Standard, ø im Zipser-Deutschen
geredet	*gered*	flexionsmorphologisch ohne Markierung im Suffix: {et} als Markierung im Standard, ø im Zipser-Deutschen

Tabelle 22: Verben im Partizip Perfekt

Wie man anhand der Tabelle erkennen kann, wird im Zipser-Deutschen das Flexionsmorphem {ge} für Partizipien im Perfekt kaum vollständig verwendet. Stattdessen realisieren die Sprecher bei Wörtern mit Präfix oder anderen Verben wie beim Partizip Perfekt von *stehlen* und *trinken* dieses Morphem überhaupt nicht oder durch {k}, siehe *kessen*, und der verkürzten Form {g}, so bei *gwåschen*.

Darüber hinaus existiert auch die Partizipform *gewebert* im Zipser-Deutschen. Diese scheint wie *Weberstuhl* eine Wortbildung mit dem Nomen agentis *Weber* als Basis zu sein. Flexionsmorphologisch ist bei diesem Verb keine Differenz vorhanden.

Eine weitere Auffälligkeit gegenüber dem Standard zeigt *derzählen*, was für *erzählen* steht. Statt des Präfix {er} wird für diese Zusammensetzung {der} gebraucht. Eine Variation, die ich nirgends sonst, abgesehen vom Zipser-Deutschen, finden konnte, heißt *stopbein*, das für das standarddeutsche Wort *hinken* gebraucht wird. Aus einem Kompositum formierte sich schließlich ein Verb, das semantisch selbsterklärend ist.

Anstatt das Passiv oder eine Umschreibung mit dem Indefinitpronomen *man* wie im Standard zu bilden, gebrauchen die Oberwischauer Zipser eine Reflexivkonstruktion, die so aus normativer Sicht im Deutschen nicht existiert: Sie sagen *das esst sich* statt *das isst man* oder *das wird gegessen*, genauso wie beim Beispiel *tut sich das räuchern* statt *das räuchert man* bzw. *das wird geräuchert*.

Da kaum sprechende Sprachatlanten zu den unterschiedlichen Regionen in Österreich und Bayern existieren, ist es schwierig, ohne weitere Befragungen in diesen Gebieten zu unternehmen, Vergleiche zwischen diesen Varietäten und des Zipser-Deutschen zu ziehen. Allerdings ist bei der Recherche mithilfe des OÖTon-Sprachatlanten aufgefallen, dass das Nicht-Realisieren des Morphems {ge} z.B. bei *gestohlen* (auf Zipser-Deutsch *stohln*) in Oberösterreich nicht unüblich ist.[229]

Weitere Spezifika, was die Verben betrifft, sind auch bei den Punkten Lexik, Phraseologismen und Sonstige Auffälligkeiten im Zipser-Deutschen zu finden (vgl.: 8.2 Lexik, S. 54; 8.6 Phraseologismen, S. 83; 8.7 Sonstige Auffälligkeiten im Zipser-Deutschen, S. 84).

---

229 Vgl.: o.A.: OÖTon-Sprachatlas. o.O. o.J. o.S. URL:
   http://old.stifterhaus.at/sprachforschung/ooeton/sprachatlas.php?tab=dialekte.

8.5 Syntax

Bei der Syntax wird an dieser Stelle noch einmal zwischen dem Satzbau und der Kasusrektion unterschieden.

8.5.1 Satzbau

Der Satzbau im Zipser-Deutschen weist mehrere Unterschiede zum bundesdeutschen Standard auf. Vor allem rückt bei dieser Varietät der Verbalkomplex näher zusammen.

Als Instanz für die korrekte Syntax der Vergleichssätze des Standards stehe ich in diesem Fall als kompetenter Sprecher mit seinen Kenntnissen des Standarddeutschen, da es schwierig oder gar unmöglich ist, dieselben Sätze im Standard in anderen Quellen zu finden. Die Schreibweise bei der Transkription ist wieder an GAT 2 angelehnt.

Der Satzbau ist nach den unterschiedlichen Stellungen des Verbs im Standarddeutschen geordnet.

Das erste Beispiel steht für die Verberststellung:

Zipser-Deutsch: *Bist gången beim Båch?*
Standarddeutsch: *Bist du am Bach gegangen?*

Hier wird sichtbar, dass die Verbergänzung in Form des Vollverbs *gången* im Zipser-Deutschen direkt neben dem finiten Modalverb *bist* am Satzanfang steht. Im Gegensatz dazu steht in diesem Fall das Dativobjekt *am Bach* im Standarddeutschen zwischen beiden Verben.

Auch bei dem zipser-deutschen Halbsatz *Soll sich tauschen die Fårb* [...] findet man dieses Phänomen wieder.

Bei der Verbzweitstellung ist dies ähnlich:

Zipser-Deutsch: *Wie's vergången die Wochn?*
Standarddeutsch: *Wie ist die Woche vergangen?*

79

An dieser Stelle erscheint das Subjekt hinter dem Verbalkomplex, anstatt dass dieses wie im Standarddeutschen zwischen beiden Verben steht.

Die gleiche Konstellation findet man bei Sätzen im Perfekt mit einem Objekt vor, sogar wenn drei verbale Komponenten in einem Satz vorkommen:

Zipser-Deutsch:	*Ich håb getrunken a Bier.*
	Ich håb versucht zu machen meine Sachen.
Standarddeutsch:	*Ich habe ein Bier getrunken.*
	Ich habe versucht, meine Sachen zu machen.

Das Objekt steht also im Gegensatz zum Standard ganz am Ende des Satzes.

Falls ein Adverb gebraucht wird, steht auch dieses am Ende. So bei *Das hab ich kapt gern.*

Bei Nebensätzen, bei denen im Standarddeutschen eine Verbletztstellung erfolgt, ist im Zipser-Deutschen auch das Objekt an letzter und das Verb an vorletzter Stelle:

Zipser-Deutsch:	*[…] weil nicht alle haben Zeit.*
	Wann ich bin zu Haus […]
Standarddeutsch:	*[…] weil nicht alle Zeit haben.*
	Wenn ich zu Hause bin […]

Dieses Schema setzt sich bei Sätzen mit Modalverben im Präsens und auch im Perfekt fort:

Zipser-Deutsch: *Wer Italienisch weiß, kann auch gleich lernen Rumänisch.*
Standarddeutsch: *Wer Italienisch kann, kann auch gleich Rumänisch lernen.*

Zipser-Deutsch: *Ich håb auch mussen måchen […]*
Standarddeutsch: *Ich habe auch […] machen müssen.*

Bei dem letzten Beispiel wird zudem deutlich, dass bisweilen die Stellung von Modal- und Vollverb vertauscht ist.

Darüber hinaus besitzt das Zipser-Deutsche mit der doppelten Verneinung eine weitere markante Differenz zum Standarddeutschen. So sagen ihre Sprecher: *Das war doch ka Problem nit.*

Eine weitere Auffälligkeit bezieht sich auf Verben, die den Infinitiv nach sich ziehen. Bei dieser Satzkonstruktion findet man bei den Oberwischauer Zipsern *zu* vergeblich. Anstatt *fange ich an, zu gehen*, sagen sie *fang ich an gehen.* Ähnlich verhält sich es auch bei dem Beispiel *für die Nachbarn zum Geben* statt *um es den Nachbarn zu geben.*

8.5.2 Kasusrektion

Standarddeutsch	Zipser-Deutsch	Differenz
und hat vor sich einen Spiegel	*und hat vor ihm einen Spiegel*	Personalpronomen im Dativ statt Reflexivpronomen
Messe nur für dich/mich	*Messe nur für dir/mir*	Dativpronomen anstatt Akkusativpronomen
er hat seinen Hut vergessen	*er hat sein Hut vergessen*	Possessivpronomen im Nominativ statt im Akkusativ oder keine Aussprache der Kasusmarkierung
für seine Gesundheit	*für sein Gesundheit*	kein {e} beim Possessivpronomen, evtl. anderes Genus als im Standard
für das Geld	*für den Geld*	maskuliner Artikel im Akkusativ statt neutraler, evtl. anderes Genus als im Standard
mit dem Auto	*mit die Auto*	femininer Artikel im Nominativ oder Akkusativ statt maskuliner im Dativ
mit der Hand	*mit die Hand*	femininer bestimmter Artikel im Nominativ oder Akkusativ statt im Dativ

Tabelle 23: Kasusrektion I

Standarddeutsch	Zipser-Deutsch	Differenz
mit dem Strick	*mit der Strick*	bestimmter maskuliner Artikel im Nominativ oder femininer bestimmter Artikel im Genitiv oder Dativ
mit denen schreib ich auch immer	*mit die schreib ich auch immer*	bestimmter Artikel im Nominativ oder Akkusativ Plural statt Dativpronomen
mit drei Häusern	*mit drei Häuser*	{er} als Pluralmorphem, keine Markierung des Dativs
mit einem Stecken (Stock)	*mit eine Stecke*	keine Markierung des Dativs mit {n} beim Artikel und keine beim Substantiv mit {m}; ggf. anderes Genus und keine Markierung des Artikels

Tabelle 24: Kasusrektion II

An dieser Tabelle wird ersichtlich, dass manche Präpositionen einen anderen Kasus fordern als im Standard. Dies kann allerdings nicht immer zweifelsfrei geklärt werden, da einige Substantive auch ein anderes Genus und somit auch einen anderen Artikel haben könnten.

8.6 Phraseologismen

Neben den bisher aufgeführten Phänomenen bietet das Zipser-Deutsche zudem Phraseologismen, die man entweder überhaupt nicht oder in anderer Form aus dem Standarddeutschen kennt. Diese lexikalischen Einheiten werden aufgrund der Vollständigkeit in Differenz zum bundesdeutschen Standard aufgezeigt, aber aus Gründen des Umfangs nicht tiefergehender analysiert.

Zur Begrüßung gibt es mehrere Formeln, die die Oberwischauer Zipser verwenden:

Grieß Gott, gelobt sei Jesus Christus, worauf man *in Ewigkeit Amen* antwortet und *Was måchst?*, was man im Standard mit *Wie geht es dir?* vergleichen kann.

Zudem ist der Spruch zum Abschied *Scheiß ich dir auf'n Taufschein* bei befreundeten Jugendlichen nicht unüblich.

Außerdem existiert die Kollokation *die Nåsen blåsen* statt *die Nase schnäuzen/putzen*.

Eine weitere feste Wortverbindung scheint *in der Schul studieren* zu sein, wogegen man im Standard eher *in der Schule lernen* sagen würde.

8.7 Sonstige Auffälligkeiten im Zipser-Deutschen

Im Zipser-Deutschen fallen besonders Präpositionen auf, die über eine andere Funktion verfügen und daher die im Standarddeutsch üblichen nicht gebrauchen. Die folgende Tabelle zeigt einige Beispiele hierfür auf:

Standarddeutsch	Zipser-Deutsch	Differenz
viel Spaß bei	*viel Spaß auf*	im Standard die Präp. *bei*, im Zipser-Deutschen die Präp. *auf*
komm noch öfter nach Viseu de Sus	*kumm noch öfters auf Viseu de Sus*	im Standard die Präp. *nach*, im Zipser-Deutschen die Präp. *auf*
ich war in Griechenland	*ich wår auf Griechenland*	im Standard die Präp. *in*, im Zipser-Deutschen die Präp. *auf*
sie ist beleidigt mit mir	*sie ist beleidigt auf mir*	im Standard die Präp. *mit* und Dat., im Zipser-Deutschen die Präp. *auf* mit Dat.
bis zum Abendessen	*bis beim Åbendessen*	im Standard die Präp. *zu* mit Kontraktion des bestimmten Artikels, im Zipser-Deutschen die Präp. *bei* mit Kontraktion des bestimmten Artikels
ich komme für eine Stunde	*ich kumm bei a Stund*	im Standard die Präp. *für*, im Zipser-Deutschen die Präp. *bei*

Tabelle 25: andere Funktion von Präpositionen I

Standarddeutsch	Zipser-Deutsch	Differenz
bist du am Bach (entlang) gegangen?	*bist gången beim Båch?*	im Standard die Präp. *an* mit Kontraktion des bestimmten Artikels, im Zipser-Deutschen die Präp. *bei* mit Kontraktion des bestimmten Artikels
am Sonntag	*in Sunntag*	im Standard die Präp. *an* mit Kontraktion des bestimmten Artikels, im Zipser-Deutschen die Präp. *in* ohne Artikel
am Freitag	*in Freitag*	im Standard die Präp. *an* mit Kontraktion des bestimmten Artikels, im Zipser-Deutschen die Präp. *in* ohne Artikel
zu meiner Zeit	*in meiner Zeit*	im Standard die Präp. *zu*, im Zipser-Deutschen die Präp. *in*
er ist seinen Weg gegangen	*er ist in seinen Weg gegangen*	im Standard ohne Präp., im Zipser-Deutschen die Präp. *in*
das Gespräch unter uns	*das Gespräch zwischen uns*	im Standard die Präp. *unter*, im Zipser-Deutschen die Präp. *zwischen*

Tabelle 26: andere Funktion von Präpositionen II

Anhand dieser Aufstellung wird ersichtlich, dass man im Zipser-Deutschen *auf* statt *bei*, *nach*, *in* und *mit* benutzt. Die Präpositionen *in* gebrauchen die Oberwischauer Zipser anstatt *an* und *zu* und *bei* anstelle von *für*, *an* und *zu*. Um hier eine Regelmäßigkeit festzustellen, bedarf es allerdings weiterer Beispiele, die mir hier nicht vorliegen.

9. Problemanalyse

Trotz der gewählten Methode der offenen Fragestellung ist nicht auszuschließen, dass sich die Gewährspersonen einer sog. Laborsituation ausgesetzt fühlen und ihre Sprechweise und Ausdrücke nicht immer authentisch sind. Besonders wenn der Interviewer selbst einen ganz anderen Dialekt, oder wie in meinem Fall das bundesdeutsche Standarddeutsch, spricht, kann ein Anpassen der Sprache nicht ausgeschlossen werden. Bei einer Gewährsperson wurde dies an manchen Stellen daran deutlich, dass sie erst auf Nachfragen das zipser-deutsche Wort, das auch andere Befragte genannt hatten, gebrauchte. Auch die Aussprache der angesprochenen Gewährsperson unterschied sich bisweilen von der der anderen Interviewten. Aus diesem Grund sind in der Analyse auch Dubletten vertreten. Bei der Befragung, bei der Stephan Gaisbauer anwesend war, half uns sein österreichischer Dialekt, die Fragewörter etwas an das Zipser-Deutsche anzupassen, wodurch sich die Gewährsperson nicht mehr so stark auf das Standarddeutsch fixierte. Dies schien auch mit einem imitierten österreichischen Dialekt zu funktionieren. Nichtsdestotrotz kann eine Beeinflussung durch den Fragesteller auch bei sprachlicher Nähe nicht ausgeschlossen werden, wenn er selbst die Varietät nicht beherrscht.

Um hier eine hohe Authentizität zu gewährleisten, sollte der Interviewer folglich selbst des Zipser-Deutschen mächtig sein.

Darüber hinaus konnte nicht allen Wörtern im Bereich der Lexik eine Etymologie zugeordnet werden. Hierfür müsste man auf den Gebieten der Phonetik, Morphologie und der Lexik in den unterschiedlichen osteuropäischen Sprachen geschult sein. Da ich diese allerdings nicht beherrsche, konnte ich hier keine komplette Auswertung leisten, sodass die Herkunft von 13 Begriffen unklar bleibt. Aufgrund der starken Interferenz zwischen den unterschiedlichen osteuropäischen Sprachen lassen sich zudem nicht immer Rückschlüsse auf eine Sprache als Herkunftsort schließen. Dies zeigen z.B. die fast identischen Wörter rum. *cazan* und ung. *kazán* für ‚Kessel‘, was auf Zipser-Deutsch *Kasahn* heißt.

Bisweilen unterschied sich auch die Aussprache der unterschiedlichen Gewährspersonen bei dem gleichen Wort in einem Phon. Hier wurde für die Phonetik dann die Artikulation herangezogen, die die meisten Befragten nannten.

Wie bereits angeführt ließ die Tonqualität der Aufnahmen es nicht zu, Phone für <r> genauer zu bestimmen.

Um also noch präzisere Aussagen über das Zipser-Deutsche zu treffen, sollte folglich der Interviewer am besten selbst Oberwischauer Zipser sein, ein hochwertiges Aufnahmegerät gebrauchen, mehr Personen befragen und die Gesprächssituation so ungezwungen wie möglich gestalten.

10. Vergleich der Forschungsergebnisse mit denen aus der einschlägigen Literatur

Weil ein kompletter analytischer Vergleich aller Bereiche den Rahmen dieser Arbeit bei Weitem übersteigen würde, werden an dieser Stelle nur die Besonderheiten des Zipser-Deutschen dargestellt.

10.1 Phonetik

Da diese Arbeit eine synchrone Sprachbetrachtung und keine auf diachroner Ebene darstellt, ist ein Vergleich mit den Ergebnissen von Thudt und Richter zur Phonetik nur begrenzt möglich.
Es können deshalb nur einzelne aktuell erhobene Beispiele manche ihrer Thesen untermauern:

Thudt und Richter stellen in ihrem Aufsatz ebenfalls fest, dass das hochdeutsche Wort *Feuer* als ['faiər] realisiert wird.[230] Zudem erscheint ihre These plausibel, dass eine hochdeutsche Rundung von [a] zu [o] stattgefunden hat, da es heute in OW z.B. [nåxt] heißt.[231] Allerdings ist diese nicht durchgängig, was man anhand von ['an dɐʁʃ] für *anders* erkennt. Auch stimmen ihre Schlussfolgerungen mit meinen überein, dass die Umlaute [ʏ] und [y:] verschwinden und als [u], so bei [t͡su:'ruk] statt [t͡su:'rʏk] für *zurück* und [fru:] statt [fry:ə] für *Frühe*, verlautlicht werden, was sie als Charakteristikum für das Oberdeutsche bezeichnen.[232] Ihre Beispiele für eine Entrundung von [ø:] zu [ɛ:], [œ] zu [œ] und [y:] zu [i:] können mit [ʃɛ:n] (*schön*), ['hɛl] (*Hölle*) und [ki:] (*Kühe*) bestätigt werden.[233] Ebenso waren im vor Kurzem erhobenen Sprachmaterial Beispiele für das laut Thudt und Richter Wegfallen des Vokals bei dem Wortbildungsmorphem {ge}:[234] ['gåŋən] für *gegangen* und ['gnʊmən] für *genommen*. Allerdings verschwindet er nicht

---

230 Vgl.: Thudt, Anneliese et Richter, Gisela: 1965. S. 29.
231 Vgl. ebd.
232 Vgl. ebd.
233 Vgl. ebd.
234 Vgl. ebd.: S. 30.

immer, so wie sie es behaupten vollständig, was man anhand von [gə'lofn̩] statt *gelaufen* erkennen kann.[235]

Sie behaupten auch, dass die Reduktion des Vokals in der Silbe [en] im Auslaut im Zipser-Deutschen üblich sei.[236] Jedoch tritt sie mit zweimal in Form von ['zɛːgn̩] für *sehen* und [ʦiːgn̩] für *ziehen* kaum häufiger auf als im Standarddeutsch; zweimal wird die Silbe sogar im Gegensatz zum Standard verlautlicht: So sagt man auf Zipser-Deutsch ['zåxən] statt ['zaxn̩] (*Sachen*) und ['gʁoːsən] statt ['groːsn̩] (*großen*).

Die These, dass sich im Zipser-Deutschen ein Wandel von [b] zu [p] vollzieht, kann nach heutiger Sicht nicht bewiesen werden.[237] [b] bleibt in bis auf zwei Fällen, in denen es als [v] realisiert wird, immer erhalten. Eher wird das Standarddeutsche [p] als [b] realisiert, siehe [buʦn̩] für *putzen* und [ʃbʁåːx] für *Sprache*.

Die Aussage, dass im Zipser-Deutschen eingeschobene Konsonanten existieren, kann auch anhand meiner neuen Forschungsergebnisse, so z.B. bei ['naːdn̩] statt ['nɛːən] (*nähen*) und ['maːdn̩] statt ['mɛːən] (*mähen*), unterstützt werden.[238] Darüber hinaus sprechen die beiden Autorinnen bei *erzählen* eine Prothese an, die auch noch in [dɛr'ʦɛːlən] statt *erzählen* zu finden ist.[239]

Was beide hier nicht aufzeigen, ist, dass viele Substantive im Singular auf [n̩] enden, so bei ['zɛnsn̩] (*Sense*) oder ['biːrʃtn̩] (*Bürste*).

Die Ergebnisse von Unger zur Phonetik decken sich größtenteils mit denen von Thudt und Richter, die sie bei diesem Kapitel auch mehrfach als Quelle heranzieht. Ihre Untersuchungen, die über die Phonetikanalyse von Thudt und Richter hinausgehen, decken sich größtenteils mit der Realisierung im Standarddeutschen, weswegen sich ein weiterführender, schriftlicher Vergleich zwischen der Analyse ihrer Diplomarbeit und mit meinen Ergebnissen erübrigt.

Hermann Scheuringer sagt, wie schon bei der Übersicht seines Aufsatzes erwähnt, dass im Zipser-Deutschen für das Südd. typische Sprossvokalformen wie

---

235 Vgl. ebd.
236 Vgl. ebd.
237 Vgl. ebd.: S. 32.
238 Vgl. ebd.: S. 33.
239 Vgl. ebd.

bei *moring* vorhanden sind, was auch meine Ergebnisse stützen.[240] Ebenfalls die von ihm angesprochene Nicht-Vokalisierung der Allophone von <r> stellt einen Teil meiner Resultate dar, was die Beispiele [zʊmər], [vȧsər] und [ˈmʊtər] statt [ˈzɔmɐ] (*Sommer*), [ˈvasɐ] (*Wasser*) und [ˈmʊtɐ] (*Mutter*) verdeutlichen.[241] Die bairische Hebung, die er anführt, wurde bereits in dem Abschnitt über die Arbeit von Thudt und Richter verifiziert.

10.2 Lexik

Wie bereits Thudt und Richter, Unger und vor allem Scheuringer festgestellt haben, stellt das Zipser-Deutsche eine Varietät mit einer relativ breiten Sprachmischung dar. Vor allem stammen nicht-standarddeutsche Begriffe aus dem südd. Raum, die häufig heute noch in Österreich gebraucht werden. Daneben wirken sich mehrere Sprachen auf die Interferenz im Zipser-Deutschen aus. Hier fällt zudem der hohe Anteil des Rumänischen auf, der sich z.B. mit Begriffen für die Landwirtschaft, die Einrichtung zu Hause, Berufsbezeichnungen, kirchliche Feste und Verwandtschaftsverhältnisse auf fast alle Lebensbereiche erstreckt. Sicher nachgewiesene ungarische Wörter sind zwar auch vorhanden, aber im Vergleich zum Rumänischen kaum vertreten. Allerdings lässt sich nicht immer die Wortherkunft explizit klären, da die osteuropäischen Sprachen, wie das Tschechische, Ungarische, Slowakische und das Rumänische, bei manchen Ausdrücken sehr ähnlich sind und sich dort zwischen ihnen Interferenz bereits bemerkbar gemacht hat.

Dass besonders bei Verwandtschaftsverhältnissen das Ungarische gebraucht wird, wie es Unger behauptet, ließ sich nicht beweisen, da mit *bácsi* ‚Onkel‘ nur ein Begriff aus diesem Wortfeld genannt wurde.[242]

240 Vgl.: Scheuringer, Hermann: 2016. S. 113.
241 Vgl. ebd.
242 Vgl.: Unger, Julia: 2006 (a). S. 55.

10.3 Semantik

Wie bereits Unger festgestellt hat, beeinflusst das Rumänische auch die Semantik des Zipser-Deutschen.[243] Als Beispiele hierfür dienen die Begriffe *Klient* und *repetiert*, die im Standarddeutschen zwar auch existieren, aber nur auf bestimmte Situationen anwendbar sind.

Allerdings dominieren auch hier wieder Ausdrücke aus dem obd. Sprachgebiet, die auch in anderen deutschsprachigen Regionen in Rumänien in ihrer Bedeutung identisch sind.

10.4 Morphologie

Thudt und Richter stellen bei ihrer Analyse fest, dass sich der Artikel oder das Adjektiv immer auf das erste Wort eines Kompositums bezieht.[244] Allerdings unterscheiden sich die Artikel sowieso häufig vom Standarddeutschen, da es auf Zipser-Deutsch *ein gutes Geschmack* und auch *ein schönes Ort* heißt, wodurch nicht nur bei Komposita dem Substantiv ein anderes Genus und somit auch eine andere Flexion des Artikels oder Adjektivs als im Standard verwendet wird. Dass manche Substantive ein anderes Geschlecht haben, könnte ebenso ein Indiz auf Interferenz sein.

Die Autorinnen erwähnen außerdem, dass manche Substantive im Singular am Wortende {n} besitzen, wodurch auch der Plural markiert wird und so der Numerus nicht am Terminus selbst erkannt werden kann.[245] Dieses Phänomen habe ich bereits bei der Phonetik angesprochen. Ebenfalls wird bisweilen kein Umlaut im Plural realisiert, der im Standard vorhanden ist, wie auch Thudt und Richter feststellen.[246] So heißt es die *Saale* statt die *Säle*. Sie erwähnen jedoch nicht, dass andere Nomen im Gegensatz zum Standard im Plural einen Umlaut aufweisen, so wie bei *die Täg* anstatt *die Tage*. Wie in ihrem Aufsatz beschrieben, deckt es sich auch mit meinem Ergebnis, dass sich die Diminutivmorpheme von denen im

---

243 Vgl. ebd.: S. 54 f.
244 Vgl.: Thudt, Anneliese et Richter, Gisela: 1965. S. 34 f.
245 Vgl. ebd.: S. 35.
246 Vgl. ebd.

Standard unterscheiden, wobei Thudt und Richter nur {l} und {el} als solche aufnehmen.[247] Ich habe mit {le}, {erl}, und {scho} noch weitere Morpheme für eine Verkleinerung gefunden.

Ebenfalls ist in der Analyse der vorliegenden Arbeit aufgefallen, dass manche Adjektive und Adverben, wie auch die Wörter *viele* ['fiːli] und *ohne* ['oːni], anstatt [e] im Auslaut [i] aufweisen. Thudt und Richter ordnen dies bei der Morphologie und nicht bei der Phonetik ein.[248] Der bereits zu Beginn dieser Ausführung erwähnte altbairische Dual wurde in den Interviews ebenfalls geäußert. Die doppelte Markierung, wie bei *uns geh mer*, auf die die Autorinnen eingehen, konnte ich genauso beobachten.[249]

Außerdem ist noch die Kompositabildung mithilfe des Fugenelements {i}, wie bei *Grießimilch* und *Reisimilch* aufgefallen.

Das dem Standard gegenüber zusätzliche Morphem {be} als Präfix von Verben, das Unger beschreibt, konnte anhand dieser Untersuchung nicht festgestellt werden.[250]

10.5 Syntax

Die gleichen Beobachtungen in Bezug auf den eng zusammenhängenden Verbalkomplex und das Fehlen von *zu* bei Infinitivkonstruktionen machten ebenfalls Thudt und Richter.[251] Zudem konnte ich ihre These mit den aktuellen Befragungen untermauern, dass das Objekt im Satz oft an letzter Stelle anstatt vor dem Verb zu finden ist.[252]

Darüber hinaus zeigen die beiden Autorinnen auf, dass etliche Präpositionen im Zipser-Deutschen eine andere Kasusrektion fordern als im Standard.[253] Das von mir ausgewertete Beispiel *mit die Hand* anstatt *mit der Hand* verdeutlicht diese Aussage.

---

247 Vgl. ebd.: S. 34.
248 Vgl. ebd.
249 Vgl. ebd.: S. 36.
250 Vgl.: Unger, Julia: 2006 (a). S. 52.
251 Vgl.: Thudt, Anneliese et Richter, Gisela: 1965. S. 37.
252 Vgl. ebd.
253 Vgl. ebd.

Aufgrund des von mir nicht bei den Substantiven erhobenen Genus ist nicht auszuschließen, dass manche Nomen eine andere Geschlechtszugehörigkeit besitzen
könnten als im Standarddeutschen, weswegen der Artikel bei meiner Auswertung nicht alleine aussagekräftig für die Kasusbestimmung ist.

Teilweise werden bei Fragesätzen auch einfach die Personalpronomina wegge-
lassen, so bei *Bist gången beim Båch?*, wodurch nur das Verb die gemeinte Person anzeigt.

10.6 Phraseologismen

Unger führt als einzige Phraseologismen Begrüßungsformeln auf, bei denen sie
eine Interferenz zum Rumänischen erkennt.[254] Eine dieser konnte ich mit [vås
måxst] (*was machst*) ebenso identifizieren. Neben den Begrüßungsformeln kamen bei den Befragungen noch *Scheiß ich dir auf'n Taufschein* zum Abschied
unter jugendlichen Freunden, *die Nåsen blåsen* statt *die Nase schnäuzen/putzen*
und der Ausdruck *in der Schul studieren* anstatt *in der Schule lernen* zur Sprache.

10.7 Sonstige Auffälligkeiten im Zipser-Deutschen

Dass Präpositionen anders als im Standard verwendet werden, ist bereits Thudt
und Richter aufgefallen: Sie sprechen davon, dass der „Gebrauch der Präp. anders [ist] als ihn die deutsche Grammatik vorschreibt".[255] Ähnlich wie ich können
beide hierfür nur wenige Beispiele anführen, wodurch keine allgemeingültige
Aussage für die vom Standard abweichende Funktion mancher Präpositionen gemacht werden kann.

---

254 Vgl.: Unger, Julia: 2006 (a). S. 52.
255 Thudt, Anneliese et Richter, Gisela: 1965. S. 37.

10.8 Zusammenfassung der Forschungsbeiträge

Obwohl der Aufsatz »Mundarten der sogenannten Zipser in Oberwischau« von
Thudt und Richter über 50 Jahre alt ist und sie vergleichsweise zu anderen linguistischen Arbeiten wenige Beispiele anführen, hat vieles von dem, was sie über
das Zipser-Deutsche äußern, heute noch Bestand und konnte von mir mit meinen
Ergebnissen bestätigt werden. Dies weist darauf hin, dass viele Phänomene, die
das Zipser-Deutsche damals aufwies, bis heute in gleicher Art und Weise beibehalten wurden, wodurch Oberwischau als deutsche Sprachinsel besonders für
Sprachhistoriker von Relevanz sein kann.

11. Diskussion: Oberwischau als Sprachinsel

In dieser Arbeit wurde deutlich, dass das Zipser-Deutsche der Oberwischauer Zipser viele Unterschiede zum Standarddeutschen aufweist und in ihm ein hoher Einfluss von anderen Sprachen, wie des Rumänischen, zu beobachten ist. Trotz dieser und der aufgezeigten Erkenntnisse anderer Linguisten gibt es auch Stimmen, die den Zipser-Deutschen die Besonderheiten ihrer Varietät und die Stellung Oberwischaus als Sprachinsel absprechen.

So behauptet Grabarek in seinem Werk »Zur Geschichte der deutschen Sprache im 20. Jahrhundert«, dass „keine Mundart der Zipser und keine deutsche Sprachinsel" existiere.[256] Betrachtet man jedoch, worauf diese Schlussfolgerung fußt, muss man sie deutlich infrage stellen: Grabarek behauptet vorher, dass „die ersten Deutschen um das Jahr 1800 aus der Zips gekommen" seien und dass die heutige „vorhandene deutschsprachige Bevölkerung [...] sich jedoch hauptsächlich aus den Nachkommen dieser späteren Einwanderer [aus dem bairisch-österreichischen Raum] zusammen[setzt]".[257]

Wie bereits in der vorliegenden Ausarbeitung genauer ausgeführt, entspricht seine erste Behauptung nicht dem wissenschaftlichen Stand. Dass die aktuellen deutschsprachigen Bewohner Oberwischaus keine direkten Nachfahren der Zipser aus der Zipserei in der heutigen Slowakei sind, kann nicht als Begründung dafür gelten, dass die Oberwischauer Zipser keine eigene Mundart besäßen.

Zudem gab es nach der Zeit der Rivalität durchaus viele Mischehen zwischen den beiden deutschsprachigen Gruppen der Zipser aus der Zips und den Familien aus dem süddeutschen Raum, weswegen die Aussage, dass die heutigen Zipser keine Nachfahren der ersten Zuwanderer aus der Zips seien, haltlos ist.[258]

Als Argument für das Nicht-Vorhandensein einer Sprachinsel zieht er heran, dass nur noch 1 % der Gesamtbevölkerung deutschstämmig sei und zwischen Ungarn und Rumänen lebten.[259]

---

256 Grabarek, Józef: Zur Geschichte der deutschen Sprache im 20. Jahrhundert. Peter Lang Verlag. Frankfurt am Main: 2013. S. 159.
257 Ebd.
258 Vgl.: Thudt, Anneliese et Richter, Gisela: 1965. S. 43.
259 Vgl. ebd.

Anhand der im Vorfeld schon aufgeführten Bestimmungen für eine Sprachinsel lege ich nun die Argumente dafür dar, dass Oberwischau durchaus eine solche darstellt:

Selbst wenn in ganz Oberwischau wirklich nur noch ca. 1 % Deutschsprachige lebten, ist deren Sprachgemeinschaft, erst recht wenn es sich bei circa 600 Zipsern um 3 % handelt, zumindest punktuell vorhanden, was eines der Merkmale einer Sprachinsel darstellt.[260] Heute leben die meisten Oberwischauer Zipser in dem Stadtviertel Zipserei und bilden somit entlang weniger Straßen eine relativ dicht angesiedelte, deutschsprachige Gemeinschaft.[261] Auch Eichingers Kriterium, dass eine Sprachgemeinschaft ihre Varietät mindestens über drei Generationen erhält, ist in Oberwischau erfüllt.[262] Die konservative Einstellung ihrer Sprache gegenüber, was in Bußmanns Lexikon als Indiz für eine Sprachinsel angeführt wird, ist trotz Interferenzen gegeben. Dies wird vor allem daran deutlich, dass die meisten verwendeten Wörter immer noch aus dem Deutschen und, was man anhand der Erkenntnisse aus dem Bereich der Lexik erkennen kann, nicht-standarddeutsche Wörter überwiegend aus den bair.-österr. Dialekten stammen.[263]

Zu guter Letzt bleibt zu sagen, dass Grabarek als einzige Quelle seines hier zitierten Abschnitts Wikipedia und keine renommierte Literatur anführt, weshalb man die Wissenschaftlichkeit seiner Grundannahmen und sein darauffolgendes Fazit generell infrage stellen muss.[264]

Anhand dieser Darstellung ist deutlich geworden, dass Oberwischau durchaus eine Sprachinsel, wenn auch eine schwindende, darstellt und Grabareks Meinung somit keine wissenschaftliche Geltung beizumessen ist.

---

260 Vgl.: Wiesinger, Peter: 1980. S. 491.
261 Vgl.: May, Nina: „Möge die Straße uns zusammenführen". Zipsertreffen 2017 – von nun an in der Zipserei, damit auch die Senioren dabei sein können. In: Allgemeine Deutsche Zeitung für Rumänien. Hg.: Demokratisches Forum der Deutschen in Rumänien. Hermannstadt/Sibiu: 17.09.2017. URL: http://www.adz.ro/artikel/artikel/moege-die-strasse-uns-zusammenfuehren/.
262 Vgl.: Eichinger, Ludwig M.: 2003. S. 83 f.
263 Vgl.: o.A.: Enklave. In: Lexikon der Sprachwissenschaft. Hg.: Hadumod Bußmann. Kröner Verlag. Stuttgart: 2008. S. 163.
264 Vgl.: Grabarek, Józef: 2013. S. 159.

12. Quo vadis, Zipser-Deutsch?

Aufgrund der vielen ausgewanderten Oberwischauer Zipser und der kleinen Anzahl der dort verbliebenen, die sich auf ungefähr 600 beziffern lässt, herrscht die Annahme, dass das Zipser-Deutsche, diese hier untersuchte bairisch-österreichische Varietät, mehr und mehr verschwindet. Laut der Interviewten beherrschen nicht mehr alle Kinder der Oberwischauer Zipser aktiv die dort übliche sprachliche Varietät der Eltern.

Aus diesem Grund sollten wir als Linguisten versuchen, ein großes Abbild dieser Varietät mithilfe von Audioaufnahmen zu erstellen. Zwar werden momentan bereits einzelne Ton-Aufzeichnungen, z.B. für den sprechenden Sprachatlas für Deutsch im östlichen Mitteleuropa vom Adalbert-Stifter-Institut in Person von Stephan Gaisbauer, erstellt, aber ob diese ausreichen, um das Zipser-Deutsch annähernd in seiner Gänze zu erfassen, bleibt offen.[265] Zudem beinhalten nur wenige, teilweise populärwissenschaftliche, Bücher Wörterverzeichnisse, die einen Teil der sich vom Standarddeutschen unterscheidenden Lexik abbilden. Ein eigenes Wörterbuch zum Oberwischauer Zipser-Deutsch wurde bisher noch nicht erstellt, ebenso wenig wie eine präzise dialektale Verortung der oberdeutschen Begriffe und der Aussprache der Zipser-Deutschen.

Von einigen Oberwischauer Zipsern wird viel dahingehend getan, dass das Hochdeutsche z.B. in Institutionen und ihre eigene Varietät im Privaten erhalten bleiben. So unterstützen sie Schulen, Kindergärten, das eigene Demokratische Forum und ihre Vereine in Bezug auf ihre Sprache und Kultur. Ebenfalls besteht im Ausland ein gewisses Interesse der Ausgewanderten an zipser-deutschen Themen und kulturellen Veranstaltungen.

Jetzt ist es noch möglich, Aufnahmen und Befragungen durchzuführen. Wie dies in den nächsten Jahrzehnten aussieht, kann man heute nicht vorhersehen.

Fakt ist, dass die Zahl der Zipser-Deutschen in Oberwischau schon lange rückläufig ist, was in Bezug auf den Spracherhalt dieser Sprachinsel nichts Gutes verheißen mag.

---

265 Vgl.: o.A.: Sprachatlas. Deutsch im östlichen Mitteleuropa. o.V. o.J. o.S.
URL: http://old.stifterhaus.at/sprachforschung/dom/sprachatlas.php?tab=dialekte&district=marmarosch.

Literaturverzeichnis:

Primärquellen:

Die Primärquellen bestehen aus den erwähnten in Oberwischau aufgezeichneten Interviews.

Sekundärliteratur:

Monographien:

Ammon, Ulrich: Die deutsche Sprache in Deutschland, Österreich und der Schweiz. Das Problem der nationalen Varietäten. Walter de Gruyter Verlag. Berlin/New York: 1995.

Baier, Hannelore et Bottesch, Martin et al.: Geschichte und Traditionen der deutschen Minderheit in Rumänien. Lehrbuch für die 6. und 7. Klasse der Schulen mit deutscher Unterrichtssprache. Central Verlag. Mesiaș: 2004.

Capesius, Bernhard: Linguistische Studien. Verlag Südostdeutsches Kulturwerk. München: 1990.

Fausel, Erich: Das Zipser Deutschtum. Geschichte und Geschicke einer deutschen Sprachinsel im Zeitalter des Nationalismus. Verlag von Gustav Fischer. Jena: 1927.

Fishman, Joshua A.: Eine interdisziplinäre sozialwissenschaftliche Betrachtung der Sprache in der Gesellschaft. Max Hueber Verlag. München: 1975.

Flesch, Ferdinand: Beiträge zur Geschichte der Sathmarer Schwaben – 50 Rundbriefe. Hg.: Helmut Berger. Selbstverlag Ravensburg. o.O. 1984.

Grabarek, Józef: Zur Geschichte der deutschen Sprache im 20. Jahrhundert. Peter Lang Verlag. Frankfurt am Main: 2013.

Heller, Wilfried: Der Fremdenverkehr im Salzkammergut. Studie aus geographischer Sicht. Heidelberger Geographische Arbeiten. Heft 29. Hgg.: Gottfried Pfeifer et Hans Graul. Selbstverlag des Geographischen Instituts der Universität Heidelberg. Heidelberg: 1970.

Ilk, Anton-Joseph: Zipser Volksgut aus dem Wassertal. N.G. Elwert Verlag. Marburg: 1990.

Ilk, Anton-Joseph et Traxler, Johann: Geschichte des deutschen Schulwesens von Oberwischau. Verlag Haus der Heimat. Nürnberg: 2009.

Ilk, Anton-Joseph: Die mythische Erzählwelt des Wassertales. Rolle und Funktion phantastischer Wesen im Leben der altösterreichischen Holzknechte, dargestellt in ihren mündlich überlieferten Erzählungen aus den Waldkarpaten. Adalbert-Stifter-Institut des Landes Oberösterreich. Linz: 2010.

Kellermeier-Rehbein, Birte: Plurizentrik. Einführung in die nationalen Varietäten des Deutschen. Erich Schmidt Verlag. Berlin: 2014.

Löffler, Heinrich: Dialektologie. Eine Einführung. Gunter Narr Verlag Tübingen. Tübingen: 2003.

Moser, Birgitta Gabriela Hannover: Rumänien – Kunstschätze und Naturschönheiten. 4. Auflage. Trescher Verlag. Berlin: 2012.

Scanavino, Chiara: Deutschlandismen in den Lernerwörterbüchern. Peter Lang Verlag. Frankfurt am Main: 2015.

Schmitzberger, Gertraude: Die Entstehung des Waldwesens im Wassertal. Verlag Haus der Heimat. Nürnberg: 2014.

Stephani, Claus: Zipser Mära und Kasska. N. G. Elwert Verlag. Marburg: 1989.

Sutter, Patrizia: Diatopische Variation im Wörterbuch. Theorie und Praxis. De Gruyter. Berlin/Boston: 2017.

Traxler, Johann et Ilk, Anton-Joseph: Liedgut und Bräuche aus dem Wassertal. Weltliche und geistliche Lieder der Oberwischauer Zipser, eingebettet in deren Traditionen. Verlag Haus der Heimat. Nürnberg: 2015.

Unger, Julia: Der Sprachgebrauch der Zipserinnen und Zipser von Oberwischau. Diplomarbeit. o.V. Wien: 2006 (a).

Wiesinger, Peter: Phonetisch-phonologische Untersuchungen zur Vokalentwicklung in den deutschen Dialekten. Band 1 – Die Langvokale im Deutschen. De Gruyter Verlag. Berlin: 1970.

Sammelbände:

Bergmann, Rolf: Kapitel 5: Phonetik und Phonologie. In: Einführung in die deutsche Sprachwissenschaft. Hgg.: Rolf Bergmann et Peter Pauly et al. Universitätsverlag Winter Heidelberg. Heidelberg: 2010. S. 49-62.

Boszák, Gizella: Geschichte der Sathmarer Schwaben. In: Germanistische Studien. Band X. Wissenschaftliche Beiträge der Károly Eszterházy Universität für Angewandte Wissenschaften. Hgg.: Mihály Harsányi. Verlag Károly Eszterházy Egyetem. Eger: 2016. S. 55-65.

Bottesch, Johanna: Rumänien. In: Handbuch der deutschen Sprachminderheiten in Mittel- und Osteuropa. Hgg.: Ludwig M. Eichinger, Albrecht Plewina et Claudia Maria Riehl. Narr Francke Attempto Verlag. Tübingen: 2008. S. 329-392.

Dingeldein, Heinrich J.: Die deutsche Sprache und ihre Erscheinungsformen in Rumänien. In: Sprachinselwelten – The World of Language Islands. Entwicklung und Beschreibung der deutschen Sprachinseln am Anfang des 21. Jahrhunderts. Hgg.: Nina Berend et Elisabeth Knipf-Komlósi. Peter Lang Verlag. Frankfurt am Main: 2006. S. 57-76.

Druckenthaner, Kurt et Ilk, Anton-Joseph: Åchterholz, Kulíbn und Habóu – Die Fachsprache der Holzarbeiter im Wassertal. In: KARPATENbeeren. Bairisch-österreichische Siedlung, Kultur und Sprache in den ukrainisch-rumänischen Waldkarpaten. Hgg.: Stephan Gaisbauer et Hermann Scheuringer. Adalbert-Stifter-Institut des Landes Oberösterreich. Linz: 2006. S. 278-336.

Eichinger, Ludwig M.: Island Hopping: vom Nutzen und Vergnügen beim Vergleichen von Sprachinseln. In: „Standardfragen": Soziolinguistische Perspektiven auf Sprachgeschichte, Sprachkontakt und Sprachvariation. VarioLingua Band 18. Hgg.: Jannis K. Androutsopoulos et Evelyn Ziegler. Peter Lang Verlag. Frankfurt am Main: 2003. S. 83-107.

Haldenwang, Sigrid: Praume, Käste, Mätsche, Hanf. Altromanische Lehnwörter im Siebenbürgisch-Sächsischen. In: Deutsch in Mittel-, Ost- und Südosteuropa. Geschichtliche Grundlagen und aktuelle Einbettung. Hgg.: Hannes Philipp et Andrea Ströbel. Verlag Friedrich Pustet. Regensburg: 2017. S. 72-84.

Ilk, Anton-Joseph: Wischaudeutsch – Besonderheiten einer bairischen Mundart in den rumänischen Waldkarpaten. In: Zwischen traditioneller Dialektologie und digitaler Geolinguistik: Der Audioatlas siebenbürgisch-sächsischer Dialekte (ASD). Korpus im Text. Band 2. Hgg.: Thomas Krefeld, Stephan Lücke et Emma Mages. Monsenstein und Vannerdat. Münster: 2016. S. 117-129.

Isbâşescu, Mihai et Kisch, Ruth et Mantsch, Heinrich: Zu den Merkmalen der gesprochenen Sprache in Rumänien. In: Gesprochene Sprache. Jahrbuch 1972. Hg.: Hugo Moser. Schwann Verlag. Düsseldorf: 1974. S. 229-244.

Lăzărescu, Ioan: Rumäniendeutsch – eine eigenständige, jedoch besondere Varietät der deutschen Sprache. In: Vielfalt, Variation und Stellung der deutschen Sprache. Hgg.: Karina Schneider-Wiejowski, Birte Kellermeier-Rehbein et Jakob Haselhuber. De Gruyter Verlag. Berlin/Boston: 2013. S. 369-390.

Mattheier, Klaus J.: Theorie der Sprachinsel. Voraussetzungen und Strukturierungen. In: Sprachinselforschung. Eine Gedenkschrift für Hugo Jedig. Hgg.: Nina Berend et Klaus J. Mattheier. Peter Lang Verlag. Frankfurt am Main. 1994. S. 333-348.

Rein, Kurt: Mundarten und Hochsprache in Südosteuropa und ihre Erforschung unter den besonderen Sprachbedingungen dieses Raumes. In: Deutsche Sprache und Literatur in Südosteuropa – Archivierung und Dokumentation. Beiträge der Tübinger Fachtagung vom 25. - 27. Juni 1992. Hgg.: Anton Schwob et Horst Fassel. Verlag Südostdeutsches Kulturwerk. München: 1996. S. 13-24.

Rein, Kurt: Rumänisch-Deutsch. In: Kontaktlinguistik. Ein internationales Handbuch zeitgenössischer Forschung. 2. Halbband. Hgg.: Hans Goebl et Peter H. Nelde et al. Walter de Gruyter Verlag. Berlin/New York: 1997. S. 1470-1477.

Scheuringer, Hermann: Deutsch-deutscher Sprachkontakt in Oberwischau und das südosteuropäische Ausgleichsdeutsch. In: Zwischen traditioneller Dialektologie und digitaler Geolinguistik: Der Audioatlas siebenbürgisch-sächsischer Dialekte (ASD). Korpus im Text. Band 2. Hgg.: Thomas Krefeld, Stephan Lücke et Emma Mages. Monsenstein und Vannerdat. Münster: 2016. S. 107-116.

Schmitzberger, Gertraude: Beiträge zur Organisation der Waldwirtschaft in der Marmarosch. In: KARPATENbeeren. Bairisch-österreichische Siedlung, Kultur und Sprache in den ukrainisch-rumänischen Waldkarpaten. Hgg.: Stephan Gaisbauer et Hermann Scheuringer. Adalbert-Stifter-Institut des Landes Oberösterreich. Linz: 2006. S. 241-278.

Selting, Margret et Auer, Peter et al.: Gesprächsanalytisches Transkriptionssystem 2 (GAT 2). In: Gesprächsforschung - Online-Zeitschrift zur verbalen Interaktion. Ausgabe 2009 (10. Jahrgang). Hgg.: Arnulf Deppermann et Martin Hartung. S. 353-402.
URL: http://www.gespraechsforschung-online.de/heft2009/heft2009.html.
(zuletzt aufgerufen am: 25.04.2019)

Stephani, Claus: Oberösterreicher in der Maramuresch. In: Jahrbuch des Oberösterreichischen Musealvereins. Bd. 115, 1. Abhandlung. Hgg.: Oberösterreichisches Landesmuseum. o.V. Linz: 1970. S. 211-220.

Stephani, Claus: Das Wort ist eine offene Hand – Aspekte der Mehrsprachigkeit im Alltag und in der Familie in Oberwischau/Ostmarmatien. In: Mit Sprachen leben. Praxis der Mehrsprachigkeit. Hgg.: Werner Holzer et Ulrike Pröll. Verlag DRAVA. Klagenfurt/Celovec: 1994. S. 45-54.

Thudt, Anneliese et Richter, Gisela: Die Mundarten der sogenannten Zipser in Oberwischau. In: Forschungen zur Volks- und Landeskunde. Band 8/ Nr. 1. o. Hg. Verlag der Akademie der rumänischen Volksrepublik. Bukarest: 1965. S. 27-48.

Thränhardt, Dietrich: Auslandsdeutsche. In: Handwörterbuch des politischen Systems der Bundesrepublik Deutschland. 7. Auflage. Hgg.: Uwe Andersen et Wichard Woyke. Springer Verlag. Wiesbaden: 2013. S. 15-19.

Unger, Julia: Der Sprachgebrauch der ZipserInnen von Oberwischau. In: KARPATENbeeren. Bairisch- österreichische Siedlung, Kultur und Sprache in den ukrainisch-rumänischen Waldkarpaten. Hgg.: Stephan Gaisbauer et Hermann Scheuringer. Adalbert-Stifter-Institut des Landes Oberösterreich. Linz: 2006 (b). S. 353-365.

Fragenkatalog:

Patocka, Franz et Scheuringer, Hermann: Fragebuch für die bairischen Mundarten in Österreich und Südtirol. 4., Fassung. o.V. Wien: 1988.
URL:
https://stifterhaus.at/fileadmin/user_upload/Downloads/FB_LandSAO.pdf.
(Zuletzt aufgerufen am: 28.04.2019)

Zeitschriften:

Faltin, Georg: Rückblick und Neuorientierung. In: Wassertaler Heimatbote. Mitteilungsblatt der Heimatortsgemeinschaft der Oberwischauer e.V. Heft 1. Dezember 2004. Hgg.: Heimatortsgemeinschaft der Oberwischauer e.V. Verlag Wahl-Druck. Aalen: 2004. S. 7-11.

Fellner, Alfred: Liebe Leser. In: Zipserplattl. 1. Heft 2018. Hgg.: Demokratisches Forum der Deutschen in Oberwischau. Honterus Druckerei Hermannstadt. Hermannstadt: 2018. S. 1-2.

Fellner, Emmerich: 60 Jahre seit der Deportation. Die Verschleppung hat auch die Wischaudeutschen betroffen. In: Wassertaler Heimatbote. Mitteilungsblatt der Heimatortsgemeinschaft der Oberwischauer e.V. Heft 3. Juli 2005. Hgg.: Heimatortsgemeinschaft der Oberwischauer e.V. Verlag Wahl-Druck. Aalen: 2005. S. 11-12.

Flesch, Ferdinand: Die Zipser von Oberwischau. In: Sathmarer Heimatbrief. Mitteilungen der Landsmannschaft der Sathmarer Schwaben. Jahrgang 16. Oktober 1977. Heft 5. Hgg.: Landsmannschaft der Sathmarer Schwaben in Deutschland. Verlag Rieder-Druck. Kempten: 1977. S. 1-3.

Olear, Joseph: Auf den Spuren unserer Ahnen. Zeugnis unserer Wanderung. In: Wassertaler Heimatbote. Mitteilungsblatt der Heimatortsgemeinschaft der Oberwischauer e.V. Heft 11. Juli 2009. Verlag EOS-Druck. St. Ottilien: 2009. S. 12.

Paulini, Martina: Neue Grundschullehrerin in Oberwischau. In: 1. Heft 2018. Hgg.: Demokratisches Forum der Deutschen in Oberwischau. Honterus Druckerei Hermannstadt. Hermannstadt: 2018. S. 5.

Skurka, Georg: Geschichte und Tradition der Zipser. In: Wassertaler Heimatbote. Mitteilungsblatt der Heimatortsgemeinschaft der Oberwischauer e.V. Heft 10. Dezember 2008. Hgg.: Heimatortsgemeinschaft der Oberwischauer e.V. Verlag EOS-Druck. St. Ottilien: 2008. S. 12-14.

Zeitungen:

May, Nina: „Möge die Straße uns zusammenführen". Zipsertreffen 2017 – von nun an in der Zipserei, damit auch die Senioren dabei sein können. In: Allgemeine Deutsche Zeitung für Rumänien. Hg.: Demokratisches Forum der Deutschen in Rumänien. Hermannstadt/Sibiu: 17.09.2017. URL: http://www.adz.ro/artikel/artikel/moege-die-strasse-uns-zusammenfuehren/. (zuletzt aufgerufen am: 05.05.2019)

Nachschlagewerke:

Ammon, Ulrich: Standardsprache. In: Metzler Lexikon Sprache. Hg.:. Helmut Glück. Verlag J.B. Metzler. Stuttgart/Weimar: 2000. S. 688.

Ammon, Ulrich et Bickel, Hans et al.: Variantenwörterbuch des Deutschen. Die Standardsprache in Österreich, der Schweiz und Deutschland sowie in Liechtenstein, Luxemburg, Ostbelgien und Südtirol. De Gruyter Verlag. Berlin/New York: 2004.

Ammon, Ulrich et Bickel, Hans et al.: Variantenwörterbuch des Deutschen. Die Standardsprache in Österreich, der Schweiz, Deutschland, Liechtenstein, Luxemburg, Ostbelgien und Südtirol sowie Rumänien, Namibia und Mennonitensiedlungen. 2. Auflage. Hg.: Ulrich Ammon et Hans Bickel et al. De Gruyter Verlag. Berlin/Boston: 2016.

Böcskör, Martin et Buch, Judith et al.: Mundart Burgenland. o.O. o.J. o.S. URL: https://www.mundart-burgenland.at/mundartwoerterbuch-home.html. (zuletzt aufgerufen am: 04.05.2019)

Gehl, Hans: Wörterbuch der donauschwäbischen Landwirtschaft. Franz Steiner Verlag. Stuttgart: 2003.

Gehl, Hans: Wörterbuch der donauschwäbischen Lebensformen. Franz Steiner Verlag. Stuttgart: 2005.

Glück, Helmut: Interferenz. In: Metzler Lexikon Sprache. Hg.:. Helmut Glück. Verlag J.B. Metzler. Stuttgart/Weimar: 2000. S. 310.

Grimm, Jakob et Grimm, Wilhelm et al.: Deutsches Wörterbuch. o.O. o.J. o.S. URL: http://woerterbuchnetz.de/cgi-bin/WBNetz/wbgui_py?sigle=DWB. (zuletzt aufgerufen am: 04.05.2019)

Lăzărescu, Ioan et Scheuringer, Hermann: Limba Germană din Austria. Un dicţionar german-român. Österreichisches Deutsch. Ein deutsch-rumänisches Wörterbuch. Verlag Karl Stutz. Passau: 2007.

o.A.: De Gruyter Lexikon. Deutsche Morphologie. Hgg.: Elke Hentschel et Petra M. Vogel. De Gruyter Verlag. Berlin/New York: 2009.

o.A.: Duden. Das Aussprachewörterbuch. Duden Band 6. 6. Auflage. Hgg.: Dudenredaktion. Dudenverlag. Mannheim/Zürich: 2005.

o.A.: Duden. Deutsches Universalwörterbuch. 7. Auflage. Hgg.: Dudenredaktion. Dudenverlag. Mannheim/Zürich: 2011.

o.A.: Duden. Österreichisches Deutsch. Hg.: Dudenverlag. Mannheim/Zürich: 2008.

o.A.: Enklave. In: Lexikon der Sprachwissenschaft. Hg.: Hadumod Bußmann. Kröner Verlag. Stuttgart: 2008. S. 163.

o.A.: Langenscheidt Online. Deutsch-Rumänisch. o.O. o.J. o.S. URL: https://de.langenscheidt.com/deutsch-rumaenisch/. (zuletzt aufgerufen am: 04.05.2019)

o.A.: Langenscheidt Online. Deutsch-Slowakisch. o.O. o.J. o.S. URL: https://de.langenscheidt.com/deutsch-slowakisch/. (zuletzt aufgerufen am: 04.05.2019)

o.A.: Langenscheidt Online. Deutsch-Tschechisch. o.O. o.J. o.S.
URL: https://de.langenscheidt.com/deutsch- tschechisch/.
(zuletzt aufgerufen am: 04.05.2019)

o.A.: Magyar Német Online. o.O. o.J. o.S.
URL: https://de.magyarnemet.hu/worterbuch/deutsch-ungarisch/.
(zuletzt aufgerufen am: 04.05.2019)

o.A.: Österreichisches Wörterbuch. o.O. o.J. o.S.
URL:https://www.oesterreichisch.net/.
(zuletzt aufgerufen am: 05.05.2019)

Schemann, Hans: Synonymwörterbuch der deutschen Redensarten. 2. Auflage.
Walter de Gruyter Verlag. Berlin/Boston: 2012.

Wiesinger, Peter: Deutsche Sprachinseln. In: Lexikon der germanistischen
Linguistik. Part 2. Hgg.: Hans Peter Althaus, Helmut Henne et Herbert Ernst
Wiegand. Max Niemeyer Verlag. Tübingen: 1980. S. 491-500.

E-Mails:

Fellner, Alfred: E-Mail vom 29.03.2019. o.V. o.O. o.S.

Karten:

Ilk, Anton-Joseph et Schneider, o.Vn.: Rumänien, historische
Gebietsbezeichnungen. Politische Karte, o. Maßstab. o. Auflage. In: Zwischen
traditioneller Dialektologie und digitaler Geolinguistik: Der Audioatlas
siebenbürgisch-sächsischer Dialekte (ASD). Korpus im Text. Band 2. Hgg.:
Thomas Krefeld, Stephan Lücke et Emma Mages. Monsenstein und Vannerdat
Verlag. Münster: 2016. S. 117.

o.A.: Europa – Politische Übersicht. Politische Karte, 1:24.000.000, 1. Auflage. In: Diercke Weltatlas. Hgg.: Westermann Verlag. Westermann Verlag. Braunschweig: 2015. S. 85.

o.A.: Europa in der Zwischenkriegszeit (1919 bis 1939). Politische Karte, 1:15.000.000, 2. Auflage. In: Putzger – Atlas und Chronik zur Weltgeschichte: Hgg.: Cornelsen Verlag. Cornelsen Verlag. Berlin: 2009. S. 232-233.

o.A.: Österreich und Preußen bis 1795. Politische Karte, 1:10.000.000, 2. Auflage. In: Putzger – Atlas und Chronik zur Weltgeschichte: Hgg.: Cornelsen Verlag. Cornelsen Verlag. Berlin: 2009. S. 174-175.

o.A.: Revolutionen in Europa 1917 bis 1920. Politische Karte, 1:30.000.000, 2. Auflage. In: Putzger – Atlas und Chronik zur Weltgeschichte: Hgg.: Cornelsen Verlag. Cornelsen Verlag. Berlin: 2009. S. 235.

Schwarz, Richard: Der Europäische Raum. Politische Karte, 1:6.000.000, ohne Auflage. Landkarten Handlung und Geographischer Verlag. Berlin: 1943.

Bildquellen:

Abbildung 1: Rumänien, Skizze historischer Regionen:

Eigene Darstellung, 2020. In Anlehnung an: Ilk, Anton-Joseph et Schneider, o.Vn.: Rumänien, historische Gebietsbezeichnungen. Politische Karte, o. Maßstab. o. Auflage. In: Zwischen traditioneller Dialektologie und digitaler Geolinguistik: Der Audioatlas siebenbürgisch-sächsischer Dialekte (ASD). Korpus im Text. Band 2. Hgg.: Thomas Krefeld, Stephan Lücke et Emma Mages. Monsenstein und Vannerdat Verlag. Münster: 2016. S. 117.

Internetquellen:

Faltin, Georg: Verband der Oberwischauer Zipser e.V. o.O. o.J. o.S.
URL: http://oberwischauerhomepage.de/index2.html.
(zuletzt aufgerufen am: 07.05.2019)

o.A.: Der Rat. o.O. o.J. o.S.
URL: http://www.rechtschreibrat.com/der-rat/.
(zuletzt aufgerufen am: 07.05.2019)

o.A.: Duden Online. Hg.: Dudenredaktion. o.O. o.J. o.S.
URL: https://www.duden.de/woerterbuch.
(zuletzt aufgerufen am: 26.04.2019)

o.A.: OÖTon-Sprachatlas. o.O. o.J. o.S.
URL: http://old.stifterhaus.at/sprachforschung/ooeton/sprachatlas.php?tab=dialekte.
(zuletzt aufgerufen am: 07.05.2019)

o.A.: Sprachatlas. Deutsch im östlichen Mitteleuropa. o.V. o.J. o.S.
URL: http://old.stifterhaus.at/sprachforschung/dom/sprachatlas.php
tab=dialekte&district=marmarosch.
(zuletzt aufgerufen am: 07.05.2019)

o.A.: Über uns. Die Entstehung. o.O. o.J. o.S.
URL: http://www.zipserforum.ro/ueber-uns/.
(zuletzt aufgerufen am: 07.05.2019)

o.A.: Vişeul gestern. o.O. o.J. o.S.
URL: http://www.viseudesus.ro/de/die-stadt/viseul-gestern.
(zuletzt aufgerufen am: 07.05.2019)

o.A.: Zeitungsartikel. o.O. o.J. o.S.
URL: http://www.zipserforum.ro/zeitungsartikeln/.
(zuletzt aufgerufen am: 07.05.2019)

Schwartz, Robert: Stichwort: Deutsche Minderheiten in Rumänien. In: Deutsche Welle online. o.O. 2014. o.S.
URL: https://www.dw.com/de/stichwort-deutsche-minderheiten-in-rum%C3%A4nien/a-18069831.
(zuletzt aufgerufen am: 07.05.2019)

Anhang:

Anhang 1: Tabellen Phonetik

Phon	normierte Schreibweise	Standarddeutsch	Zipser-Deutsch	Differenz
[a]	was machst, Schmalz, Nacht, Salz, Wald, Bach, alt, Garten, Wasser, Gasse, Sachen, schwache, Obacht, gegangen, Unterhaltung	[vas maxst], [ʃmalts], [naxt], [zalts], [valt], [bax], [alt], [ˈgartn̩], [ˈvasɐ], [ˈgasə], [ˈzaxn̩], [ˈʃvaxə], [ˈoːbaxt], [gəˈgaŋən], [ontɐˈhaltoŋ]	[vås måxst], [ʃmålts], [nåxt], [zålts], [vålt], [båx], [ålt], [ˈgårtn̩], [våsər], [ˈgåsn̩], [ˈzåxən], [ˈʃvåxə], [ˈoːbåxt], [ˈgåŋən], [ontərˈhåltoŋ]	[a]→[å]
	das	[das]	[dɛs]	[a]→[ɛ]
	anders, alleine, überall, passt, Hand, Mama, Salat, Damhirsch Traktor, Vorhang, Deutschland	[ˈandɐs], [aˈlainə], [yːbɐˈal], [past], [hant], [ˈmama], [zaˈlaːt], [ˈdamhɪrʃ], [ˈtraktoːɐ],[ˈfoːɐˌhaŋ], [ˈdɔytʃlant]	[ˈanˌdərʃ],[ˈanˌdərʃt], [aˈlaːnə], [ˈiːbərˌal], [bast], [hant], [ˈmama], [zaˈlåːd], [ˈdamhɪrʃ], [ˈtraktoːr],[ˈfiːrˌhaŋ], [ˈdaidʃland]	keine
[aː]	Gras	[graːs]	[groːs]	[aː]→[oː]
	Vater	[ˈfaːtɐ]	[ˈfɔtər]	[aː]→[ɔ]
	gehabt	[gəˈhaːpt]	[kåpt]	[aː]→[å]
	Hafer, Name, Sprache, tragen, Gabel, fahren, war, paar, Salat, Abendessen	[ˈhaːfɐ], [ˈnaːmə], [ˈʃpraːxə], [ˈtraːgn̩], [ˈgaːbl̩], [ˈfaːrən], [vaːɐ], [paːɐ], [zaˈlaːt], [ˈaːbn̩tˌɛsn̩]	[ˈhåːbər], [ˈnåːmə], [ʃbråːx], [ˈtråːgn̩], [ˈgåːbl̩], [ˈfåːrən], [våːr], [påːr], [zaˈlåːd], [ˈåːbn̩tˌɛsn̩]	[aː] → [åː]
	Jahre, spezial, Chemikalien	[ˈjaːrə], [ʃpeˈtsi̯aːl], [ˈçemiˈkaːli̯ən]	[jaːr], [speˈtsi̯aːl], [kemiˈkaːli̯ən]	keine

Tabelle 27: Vokale [a], [aː]

112

Phon	normierte Schreibweise	Standarddeutsch	Zipser-Deutsch	Differenz
[ɐ]	lieber, Hühner, Vater, Hafer, Trinker, Feuer, weiter, Zucker, Bruder, Kinder, Müller, hoher, Schraubenzieher, Panzer, Hörner, Ostern, Eltern, füttern, anders, Petersilie, überall, Unterhaltung, größeres, Sommer, Wasser, Mutter	[ˈliːbɐ], [ˈhyːnɐ], [ˈfaːtɐ], [ˈhaːfɐ], [ˈtrɪŋkɐ], [ˈfɔyɐ], [ˈvaitɐ], [ˈtsʊkɐ], [ˈbruːdɐ], [ˈkɪndɐ], [ˈmylɐ], [ˈhoːɐ], [ˈʃraubn̩tsiːɐ], [ˈpantsɐ], [ˈhœrnɐ], [ˈoːstɐn], [ˈɛltɐn], [ˈfʏtɐn], [ˈandɐs], [petɐˈziːljə], [yːbɐˈal], [ʊntɐˈhaltʊŋ], [ˈɡrøːsɐəs], [ˈzɔmɐ], [ˈvasɐ], [ˈmʊtɐ]	[ˈliːbər], [ˈhɛːnər], [ˈfɔtər], [ˈhåːbər], [ˈtrɪŋkər], [ˈfaiər], [ˈvaitər], [ˈtsʊkər], [ˈbruːdər], [ˈkindər], [ˈmiːlnər], [ˈhoːxər], [ˈʃrauvəntsiːɡər], [ˈbantsər], [ˈhɛrnər], [ˈoːstərn], [ˈɛltərn], [ˈfitərn], [ˈanˌdərʃ], [ˈanˌdərʃt], [pɛtərˈziːl], [ˈiːbərˌal], [ʊntərˈhåltʊŋ], [ˈɡraːsərəs], [zʊmər], [våsər], [ˈmʊtər]	[ɐ]→[ər]
	oder, war	[ˈoːdɐ], [vaːʁ]	[ˈodr], [våːr],	[ɐ] → [r]
	Wiedersehen, Tochter, Donner, Büchern	[ˈviːdɐzeːən] [ˈtɔxtɐ], [ˈdɔnɐ], [ˈbyːçɐn]	[viːdɐzən], [ˈdɔxtɐ], [ˈdʊnɐ], [ˈbiːçɐn]	keine
[ʁ]	Chor, erst, für, hier, paar, versorgen, Vorhang, verschiedene, erste, Pferde, Traktor, pur, dir, Meer, Friseur,	[koːʁ], [eːʁst], [fyːʁ], [hiːʁ], [paːʁ], [fɛʁˈzɔrgn̩], [ˈfoːʁˌhaŋ], [fɛʁˈʃiːdnə], [ˈeːʁstə], [ˈpfeːʁdə], [ˈtraktoːʁ], [puːʁ], [diːʁ], [meːʁ], [friˈzøːʁ]	[koːr], [ɛrʃt], [fɛːr], [hiːr], [påːr], [fɛrˈzorgn̩], [ˈfiːrˌhaŋ], [fɛrˈʃiːdenə], [ˈɛrʃtə], [pfɛːrdə], [ˈtraktoːr], [puːr], [diːr], [mɛːr], [friˈzøːr]	[ʁ] → [r]
	zerschnitten	[tsɛʁˈʃnɪtn̩]	[tsɛrˈʃniːdn̩]	keine

Tabelle 28: Vokale [ɐ], [ʁ]

Phon	normierte Schreibweise	Standarddeutsch	Zipser-Deutsch	Differenz
[eː]	Mehl, Meer, Pferde, sehen, kehren, aufnehmen	[meːl], [meːɐ̯], [pfeːɐ̯də], [zeːən], [ˈkeːrən], [ˈaufˌneːmən]	[mɛːl], [mɛːr], [pfɛːrdə], [ˈzɛːgn̩], [ˈkɛːrən], [ˈaufˌnɛːmən]	[eː] → [ɛː]
	erst, erste	[eːɐ̯st], [ˈeːɐ̯stə]	[ɛrʃt], [ˈɛrʃtə]	[eː] → [ɛ]
	Wiedersehen	[ˈviːdɐzeːən]	[viːdɐzən]	kein [eː] in vorletzter Silbe
[ɛ]	Rechen, helfen	[ˈrɛçn̩], [ˈhɛlfn̩]	[ˈrɛːçn̩], [ˈhɛːlfn̩]	[ɛ] → [ɛː]
	Eltern, Abendessen, Sense, servus, melken, Gerste, technisch, Saison, Bettzeug, Presswurst, zerschnitten, versorgen, verschiedene	[ˈɛltɐn], [ˈaːbn̩tˌɛsn̩], [ˈzɛnzə], [ˈzɛrvʊs], [ˈmɛlkn̩], [ˈgɛrstə], [ˈtɛçnɪʃ], [sɛˈzõː], [ˈbɛtˌt͡sɔyk], [ˈprɛsˌvɔrst], [t͡sɛɐ̯ˈʃnɪtn̩], [fɛɐ̯ˈzɔrgn̩], [fɛɐ̯ˈʃiːdnə]	[ˈɛltərn], [ˈåːbn̩tˌɛsn̩], [ˈzɛnsn̩], [ˈzɛrvus], [ˈmɛlçn̩], [ˈgɛrʃtn̩], [ˈdɛçnɪʃ], [sɛˈzɔːn], [ˈbɛtˌt͡saiç], [ˈbrɛsˌvɔrʃt], [t͡sɛɐ̯ˈʃniːdn̩], [fɛrˈzorgn̩], [fɛrˈʃiːdɛnə]	keine
	Zwetschgen	[ˈt͡svɛt͡ʃgn̩]	[ˈt͡svɛʃbn̩]/[ˈt͡svaʃbn̩]	keine bzw. eine GP [ə]
	wächst	[vɛkst]	[våkst]	[ɛ] → [å]
[ɛː]	jäten	[ˈjɛːtn̩]	[ˈjɛːdn̩]	keine
	spät	[ʃpɛːt]	[ʃpɔːt]	[ɛː] → [ɔː]

Tabelle 29: Vokale [eː], [ɛ], [ɛː]

114

Phon	normierte Schreibweise	Standarddeutsch	Zipser-Deutsch	Differenz
[ə]	Kühe, Würste, Leute, zu Hause, Sprache, Feile, Waschmaschine, Hölle, Mühle, möchte	['ky:ə], ['vʏrstə], ['lɔytə], [ʦu 'hauzə], ['ʃpra:xə], ['failə], ['vaʃma'ʃi:nə], ['hœlə], ['my:lə], ['mœçtə]	[ki:], [virʃt], [lait], [ʦu 'haus], [ʃbrå:x], ['fa:l], ['våʃma'ʃi:n], ['hɛl], ['mi:l], [meçt]	kein [ə] als Auslaut
	Sense, Seife, Gasse, Pilze, Bürste, Peitsche, Gerste	['zɛnzə], ['zaifə], ['gasə], ['pɪlʦə], ['bʏrstə], ['paiʧə], ['gɛrstə]	['zɛnsn̩], ['za:fn̩], ['gåsn̩], ['bɪlʦn̩], ['bi:rʃtn̩], ['baiʧn̩], ['gɛrʃtn̩]	kein [ə] als Auslaut, stattdessen [n̩]
	Orte, Bäume, Pferde, gutes, Wiedersehen, Name, kommen, kehren, hören, einfrieren, aufnehmen, führen, fahren, Sonne, gelaufen, Höchstes, bedeutet, alleine, Chemikalien, größeres, trockenen, schwache, erste, verschiedene	['ɔrtə], ['bɔymə], ['pfe:ɐ̯də], ['gu:təs], ['vi:dɐze:ən], ['na:mə], ['kɔmən], ['ke:rən], ['hø:rən], ['ain̯ fri:rən], ['auf̯ne:mən], ['fy:rən], ['fa:rən], ['zɔnə], [gə'laufn̩], ['hø:çstəs], [bə'dɔytət], [a'lainə], ['çemi'ka:lịən], ['grø:sɐrəs], ['trɔkənən], ['ʃvaxə], ['e:ɐ̯stə], [fɛɐ̯'ʃi:dnə]	['ertə], ['ba:mən], [pfɛ:rdə], ['ku:təs], [vi:dɐzən], ['nå:mə], ['kʊmən], ['kɛ:rən], ['hɛ:rən], ['ain̯ frɛ:rən], ['auf̯nɛ:mən], ['fi:rən], ['få:rən], [zɔnə]/['zʊnən], [gə'lofn̩], ['hɛ:çstəs], [bə'daitət], [a'la:nə], [kemi'ka:lịən], ['grɛ:sərəs], ['trʊkənən], ['ʃvåxə], ['ɛrʃtə], [fɛr'ʃi:dɛnə]	keine

Tabelle 30: Vokal [ə] I

Phon	normierte Schreibweise	Standarddeutsch	Zipser-Deutsch	Differenz
	viele, ohne	[ˈfiːlə], [ˈoːnə]	[ˈfiːli], [ˈoːni]	[ə] → [i]
[ə]	genommen, bitteschön	[ɡəˈnɔmən], [ˈbɪtəʃøːn]	[ˈɡnʊmən], [ˈbɪtʃɛːn]	kein [ə] als Auslaut der ersten bzw. zweiten Silbe
	gegangen	[ɡəˈɡaŋən]	[ˈɡåŋən]	kein [ə] in erster Silbe, da [ɡə] nicht vorhanden ist

Tabelle 31: Vokal [ə] II

Phon	normierte Schreibweise	Standarddeutsch	Zipser-Deutsch	Differenz
[iː]	die, dir, hier, siehst lieber, viele, Zwiebeln, ziehen, Stiefel Wiedersehen, Petersilie, Waschmaschine, verschiedene	[diː], [diːɐ], [hiːɐ], [ziːst] ['liːbɐ], ['fiːlə] ['tsviːbl̩n], [tsiːn], ['ʃtiːfl̩] ['viːdɐzeːən], [petɐ'ziːli̯ə], ['vaʃma'ʃiːnə], [fɛɐ'ʃiːdnə]	[diː], [diːr], [hiːr], [ziːkst] ['liːbər], ['fiːli], [tsviːvl̩n], [tsiːgn̩], ['ʃtiːvl̩n] [viːdɐzən], [pɛtər'ziːl], ['vå̊ʃma'ʃiːn], [fɛr'ʃiːdɛnə]	keine
	einfrieren	['ain̩friːrən]	['ain̩frɛːrən]	[i] → [ɛː]
[ö̃ː]	Saison	[sɛ'zö̃ː]	[sɛ'zɔːn]	[ö̃ː] → [ɔː]
[ɔ]	von, Gott, Topf, Dorf, Tochter	[fɔn], [gɔt], [tɔpf], [dɔrf], ['tɔxtɐ]	[fɔn], [gɔt], [dɔpf], [dɔrf], ['dɔxtɐ]	keine
	Holz	[hɔlts]	[hoults]	[ɔ] → [ou]
	kommt, kommen, Sonntag, Sommer, Sonne, trockenen, dort, genommen, Donner, dort	[kɔmt], ['kɔmən], ['zɔntaːk], ['zɔmɐ], ['zɔnə], ['trɔkənən], [dɔrt], [gə'nɔmən], ['dɔnɐ], [dɔrt]	[kʊmt], ['kʊmən] ['sʊntaːk], [zʊmər], ['zʊnə]/['zʊnən], ['trʊkənən], [dʊrt], ['gnʊmən], ['dʊnɐ], [dʊrtn̩]	[ɔ] → [ʊ]
	versorgen	[fɛɐ'zɔrgn̩]	[fɛr'zorgn̩]	[ɔ] → [o]
	Orte	['ɔrtə]	['ɛrtə]/['ɛrtər]	[ɔ] → [ɛ]

Tabelle 32: Vokale [iː], [ö̃ː], [ɔ]

117

Phon	normierte Schreibweise	Standarddeutsch	Zipser-Deutsch	Differenz
[øː]	schön, hört, Öl, unmöglich, möglich, bitteschön, größeres, hören, Höchstes	[ʃøːn], [høːrt], [øːl], [ˈʊnmøːklɪç], [ˈmøːklɪç], [ˈbɪtəʃøːn], [ˈgrøːsərəs], [ˈhøːrən], [ˈhøːçstəs]	[ʃɛːn], [hɛːrt], [ɛːl], [ˈʊnmɛːklɪç], [ˈmɛːklɪç], [ˈbɪtʃɛːn], [ˈgrɛːsərəs], [ˈhɛːrən], [ˈhɛːçstəs]	[øː] → [ɛː]
	Friseur	[friˈzøːɐ̯]	[friˈzøːr]	keine
[œ]	können	[ˈkœnən]	[ˈkinan]/[ˈkinən]	[œ] → [i]
	Hölle, zwölf, möchte, Hörner	[ˈhœlə], [t͡svœlf], [ˈmœçtə], [ˈhœrnɐ]	[ˈhɛl], [t͡svɛlf], [mɛçt], [ˈhɛrnər]	[œ] → [ɛ]
[u]	zu	[t͡su]	[t͡su]	keine
[uː]	zurück, pur, Bruder, gutes, tun	[t͡suːˈrʏk], [puːɐ̯], [ˈbruːdɐ], [ˈguːtəs], [tuːn]	[t͡suːˈruk], [puːr], [ˈbruːdər], [ˈkuːtəs], [duːn]	keine

Tabelle 33: Vokale [øː], [œ], [u], [uː]

Phon	normierte Schreibweise	Standarddeutsch	Zipser-Deutsch	Differenz
[ʊ]	Unterhaltung, unmöglich, Suppen, putzen, Mutter, Zucker, Grundstück, Presswurst	[ʊntɐˈhaltʊŋ], [ˈʊnmøːklɪç], [ˈzʊpn̩], [ˈpʊt͡sn̩], [ˈmʊtɐ], [ˈt͡sʊkɐ], [ˈgrʊntʃtʏk], [ˈprɛsˌvʊrst]	[ʊntərˈhåltʊŋ], [ˈʊnmɛːklɪç], [ˈzʊpn̩], [ˈbʊt͡sn̩], [ˈmʊtər], [ˈt͡sʊkər], [ˈgrʊntʃtʊk], [ˈbrɛsˌvʊrʃt]	keine
	servus	[ˈzɛrvʊs]	[ˈzɛrvus]	[ʊ]→[u]
	Bus	[bʊs]	[buːs]	[ʊ]→[ʊː]

Tabelle 34: Vokal [ʊ]

118

Phon	normierte Schreibweise	Standarddeutsch	Zipser-Deutsch	Differenz
[y]	hüpfen	['hypfn̩]	['hʊpfn̩]	[y]→[ʊ]
[yː]	grüß, Kühe, grün, führen, Büchern, überall, Mühle	[gryːs], ['kyːə], [gryːn], ['fyːrən], ['byːçɐn], [yːbɐ'al], ['myːlə]	[griːs], [kiː], [griːn], ['fiːrən], ['biːçɐn], ['iːbər‚al], ['miːl]	[yː]→[iː]
	Frühe, Frühstück	[fryːə], ['fryːʃtʏk]	[fruː], ['frruːʃtʊk]	[yː]→[uː]
	Hühner, für	['hyːnɐ], [fyːɐ̯]	['hɛːnər], [fɛːr]	[yː]→[ɛː]
	drüben	['dryːbn̩]	['drəbn̩]	[yː]→[ə]
[ʏ]	zurück	[tsuˈrʏk]	[tsuˈruk]	[ʏ]→[u]

Tabelle 35: Vokale [y], [yː], [ʏ]

Phon	normierte Schreibweise	Standarddeutsch	Zipser-Deutsch	Differenz
[ɪ]	Milch, bin, ist, Tisch, Pilze, fünfzig, möglich, unmöglich, technisch, bitteschön, Honig, Trinker, Damhirsch	[mɪlç], [bɪn], [ɪst], [tɪʃ], ['pɪltsə], ['fʏnftsɪç], ['møːklɪç], ['ʊnmøːklɪç], ['teçnɪʃ], ['bɪtəʃøːn], ['hoːnɪç], ['trɪŋkɐ], ['damhɪrʃ]	[mɪlç], [bɪn], [ɪs], [dɪʃ], ['bɪltsn̩], [fʊftsɪç], ['mɛːklɪç], ['ʊnmɛːklɪç], ['deçnɪʃ], ['bɪtʃɛːn], ['hɛːnɪk]/['høːnɪk], ['trɪŋkər],['damhɪrʃ]	keine
	Schinken	['ʃɪŋkn̩]	['ʃʊŋkn̩]	[ɪ]→[ʊ]
	zerschnitten, Schlitten	[tsɛɐ̯ˈʃnɪtn̩], ['ʃlɪtn̩]	[tsɛɐ̯ˈʃniːdn̩], ['ʃliːdn̩]	[ɪ]→[iː]
	Kinder	['kɪndɐ̯]	['kindər]	[ɪ]→[i]
	wirft	[vɪrft]	[vɛrft]	[ɪ]→[ɛ]

Tabelle 36: Vokale [ɪ]

119

Phon	normierte Schreibweise	Standarddeutsch	Zipser-Deutsch	Differenz
[oː]	Chor, Traktor, Ostern, großen, ohne, roh, Obacht, hoher	[koːɐ̯], [ˈtraktoːɐ̯], [ˈoːstɐn], [ˈɡroːsn̩], [ˈoːnə], [roː], [ˈoːbaxt], [ˈhoːɐ̯]	[koːr], [ˈtraktoːr], [ˈoːstərn], [ˈɡroːsən], [ˈoːni], [roːx], [ˈoːbåxt], [ˈhoːxər]	keine
	oder	[ˈoːdɐ]	[ˈodr]	[oː] → [o]
	Honig	[ˈhoːnɪç]	[ˈhɛːnɪk]/[ˈhøːnɪk]	[oː] → [ɛː]/[øː]
	Vorhang	[ˈfoːɐ̯ˌhaŋ]	[ˈfiːrˌhaŋ]	[oː] → [iː]

Tabelle 37: Vokal [oː]

Phon	normierte Schreibweise	Standarddeutsch	Zipser-Deutsch	Differenz
[ai̯]	Eier, weiter, bei, einfrieren, Sommerzeit, Freitag, Peitsche	[ˈaiɐ̯], [ˈvaitɐ], [bai], [ˈainˌfriːrən], [ˈzɔmɐˌt͡sait], [ˈfraitaːk], [ˈpait͡ʃə]	[ˈaiər], [ˈvaitər], [bai], [ˈainˌfrɛːrən], [ˈzɔmərˌt͡sait], [ˈfraitåːk], [ˈbait͡ʃn̩]	keine
	Schweine, Fleisch, Wein	[ʃvainə], [flaiʃ], [vain]	[ʃvaʼinə], [flaʼiʃ], [vaʼin]	[ai̯]→[aʼi]
	Seife, weich, Feile, breit, alleine, Reifen	[ˈzaifə], [vaiç], [ˈfailə], [brait], [aˈlainə], [ˈraifn̩]	[ˈzaːfn̩], [vaːx], [ˈfaːl], [braːt], [aˈlaːnə], [ˈraːfn̩]	[ai̯]→[aː]
	Geist	[gaist]	[gåst]	[ai̯]→[å]

Tabelle 38: Diphthong [ai̯]

120

Phon	normierte Schreibweise	Standarddeutsch	Zipser-Deutsch	Differenz
[au̯]	zu Hause, Trauung, aufnehmen, Schraubenzieher	[t͡su ˈhau̯zə], [ˈtrau̯ʊŋ], [ˈau̯fˌneːmən], [ˈʃrau̯bn̩t͡si̯ːɐ]	[t͡su ˈhau̯s], [ˈtrau̯ʊŋ], [ˈau̯fˌnɛːmən], [ˈʃrau̯vəntʃiːgər]	keine
	Baum, Saum	[bau̯m], [zau̯m]	[baːm], [zaːm]	[au̯]→[aː]
	gelaufen	[gəˈlau̯fn̩]	[gəˈlofn̩]	[au̯]→[o]

Tabelle 39: Diphthong [au̯]

Phon	normierte Schreibweise	Standarddeutsch	Zipser-Deutsch	Differenz
[ɔy̯]	deutsch, neu, Heu, neun, Kreuz, Leute, Feuer, Deutschland, heute, Bettzeug, bedeutet	[dɔy̯t͡ʃ], [nɔy̯], [hɔy̯], [nɔy̯n], [krɔy̯t͡s], [ˈlɔy̯tə], [ˈfɔy̯ɐ], [ˈdɔy̯t͡ʃlant], [ˈhɔy̯tə], [ˈbɛtˌt͡sɔy̯k], [bəˈdɔy̯tət]	[dai̯t͡ʃ], [nai̯], [hai̯], [ˈnai̯nə], [krai̯t͡s], [lai̯t], [ˈfai̯ər], [ˈdai̯t͡ʃlant], [ˈhai̯t], [ˈbɛtˌt͡sai̯ç], [bəˈdai̯tət]	[ɔy̯] → [ai̯]
	Bäume	[ˈbɔy̯mə]	[ˈbaːmən]	[ɔy̯] → [aː]

Tabelle 40: Diphthong [ɔy̯]

121

Phon	normierte Schreibweise	Standarddeutsch	Zipser-Deutsch	Differenz
[b]	lieber, drüben, Büchern,Bäume, Bettzeug, Baum, überall, bin, Bach, breit, Bus, bei, Abendessen, Bürste, Bruder, Obacht, bedeutet, Gabel, bitteschön	[ˈliːbɐ], [ˈdryːbn̩], [ˈbyːçɐn],[ˈbɔymə], [ˈbɛtˌt͡sɔyk], [ˈbaʊm], [yːbɐˈal], [bɪn], [bax], [braɪt], [bʊs] [bai], [ˈaːbn̩tˌɛsn̩], [ˈbʏrstə], [ˈbruːdɐ], [ˈoːbaxt], [bəˈdɔytət], [ˈgaːbl̩], [ˈbɪtəʃøːn]	[ˈliːbər], [ˈdrəbn̩], [ˈbiːçɐn], [ˈbaːmən], [ˈbɛtˌt͡saiç], [baːm], [ˈiːbərˌal], [bɪn], [bâx], [braːt], [buːs], [bai], [ˈâːbn̩tˌɛsn̩], [ˈbiːrʃtn̩], [ˈbruːdər], [ˈoːbâxt], [bəˈdaitət], [ˈgâːbl̩], [ˈbɪtʃɛːn]	keine
	Zwiebeln, Schraubenzieher	[ˈt͡sviːbl̩n], [ˈʃraubn̩t͡siːɐ]	[t͡sviːvl̩n], [ˈʃrauvənt͡siːgər]	[b]→[v]
[d]	das, drüben, die, deutsch, Wiedersehen, Deutschland, dir, Damhirsch, oder, anders, dort, Bruder, Kinder, dürfen, verschiedene, Donner, Pferde, Dorf	[das], [ˈdryːbn̩], [diː], [dɔytʃ], [ˈviːdɐzeːən], [ˈdɔytʃlant], [diːɐ̯], [ˈdamhɪrʃ], [ˈoːdɐ], [ˈandɐs], [dɔrt], [ˈbruːdɐ], [ˈkɪndɐ], [ˈdʏrfn̩], [fɛɐ̯ˈʃiːdnə], [ˈdɔnɐ], [ˈpfeːɐ̯də], [dɔrf]	[dɛs], [ˈdrəbn̩], [diː], [daitʃ], [viːdɐzən], [ˈdaitʃlant], [diːr], [ˈdamhɪrʃ], [ˈodr], [ˈanˌdərʃ]/[ˈanˌdərʃt], [dʊrt], [ˈbruːdər], [ˈkindər], [ˈdɛːrfn̩], [fɛrˈʃiːdɛnə], [ˈdʊnɐ], [ˈpfɛːrdə], [dɔrf]	keine

Tabelle 41: Plosive [b], [d]

Phon	normierte Schreibweise	Standarddeutsch	Zipser-Deutsch	Differenz
[g]	grüß, Gott, Gasse, Garten, grün, Grundstück, Gras, größeres, Geist, großen, Gerste, versorgen, Gabel, gelaufen, tragen, genommen	[gry:s], [gɔt], [ˈgasə], [ˈgartn̩], [gry:n], [ˈgrʊntˌʃtʏk], [gra:s], [ˈgrø:sɐrəs], [gaist], [ˈgro:sn̩], [ˈgɛrstə], [fɛɐ̯ˈzɔrgn̩], [ˈga:bl̩], [gəˈlaufn̩], [ˈtra:gn̩], [gəˈnɔmən]	[gri:s], [gɔt], [ˈgåsn̩], [ˈgårtn̩], [gri:n], [ˈgrʊntˌʃtʊk], [gro:s], [ˈgrɛ:sərəs], [gåst], [ˈgro:sən], [ˈgɛrʃtn̩], [fɛrˈzorgn̩], [ˈgå:bl̩], [gəˈlofn̩], [ˈtrå:gn̩], [ˈgnʊmən]	keine
	Zwetschgen	[ˈtsvɛʧgn̩]	[ˈtsvəʃbn̩]/[ˈtsvɛʃbn̩]	[g] → [b]
	gehabt	[gəˈha:pt]	[kåpt]	[geh] → [k]
	gutes	[ˈgu:təs]	[ˈku:təs]	[g] → [k]
	gegangen	[gəˈgaŋən]	[ˈgåŋən]	kein [gə] und somit kein [g] in erster Silbe

Tabelle 42: Plosiv [g]

Phon	normierte Schreibweise	Standarddeutsch	Zipser-Deutsch	Differenz
[p]	pur, gehabt, Petersilie, paar, Suppen, spät, spezial	[pu:ɐ̯], [gəˈha:pt], [petɐˈzi:li̯ə], [pa:ɐ̯], [ˈzʊpn̩], [ʃpɛ:t], [ʃpeˈtsi̯a:l]	[pu:r], [kåpt], [pɛtərˈzi:l], [på:r], [ˈzʊpn̩], [ʃpɔ:t], [speˈtsi̯a:l]	keine
	putzen, Presswurst, Sprache, Pilze, Peitsche, passt, Panzer	[ˈpʊtsn̩], [ˈprɛsˌvʊrst], [ˈʃpra:xə], [ˈpɪltsə], [ˈpaiʧə], [past], [ˈpantsɐ]	[ˈbutsn̩], [ˈbrɛsˌvɔrʃt], [ʃbrå:x], [ˈbɪltsn̩], [ˈbaiʧn̩], [bast], [ˈbantsər]	[p] → [b]

Tabelle 43: Plosiv [p]

123

Phon	normierte Schreibweise	Standarddeutsch	Zipser-Deutsch	Differenz
[t]	Würste, Leute,	[ˈvʏrstə], [ˈlɔɪ̯tə],	[virʃt], [lait],	
	Vater, machst,	[ˈfaːtɐ], [maxst],	[ˈfɔtər], [måxst],	
	Nacht, Garten,	[naxt], [ˈgartn̩],	[nåxt], [ˈgårtn̩],	
	Gott, Traktor, gu-	[gɔt], [ˈtraktoːɐ̯],	[gɔt], [ˈtraktoːr],	
	tes, Hand,	[ˈguːtəs], [hant],	[ˈkuːtəs], [hant],	
	erst, sagt,	[eːɐ̯st], [zaːkt],	[ɛrʃt], [zåːkt],	
	Sonntag, kommt,	[ˈzɔntaːk], [kɔmt],	[ˈsʊntaːk], [kʊmt],	
	Trinker, Ostern,	[ˈtrɪŋkɐ], [ˈoːstɐn],	[ˈtrɪŋkər], [ˈoːstərn],	
	Petersilie, nicht,	[peːtɐˈziːli̯ə], [nɪçt],	[pɛtərˈziːl], [nɪt],	
	gehabt, Mutter,	[gəˈhaːpt], [ˈmʊtɐ],	[kåpt], [ˈmʊtər],	
	Bettzeug, weiter,	[ˈbɛtˌt͡sɔɪ̯k], [ˈvaɪ̯tɐ],	[ˈbɛtˌt͡saiç], [ˈvaitər],	
	Orte, wächst,	[ˈɔrtə], [vɛkst],	[ˈertə]/[ˈertər],[våkst],	
	Grundstück,	[ˈgrʊntˌʃtʏk],	[ˈgrʊntˌʃtʊk],	
	Eltern,	[ˈɛltɐn],	[ˈɛltərn],	keine
	trockenen,	[ˈtrɔkənən],	[ˈtrʊkənən],	
	Unterhaltung,	[ʊntɐˈhaltʊŋ],	[ʊntərˈhåltʊŋ],	
	dort,	[dɔrt],	[dʊrt],	
	Sommerzeit,	[ˈzɔmɐˌt͡sait],	[ˈzɔmərˌt͡sait],	
	Wald, füttern,	[valt], [ˈfʏtɐn],	[vålt], [ˈfɪtərn],	
	Abendessen,	[ˈaːbn̩tˌɛsn̩],	[ˈåːbn̩tˌɛsn̩],	
	breit, Bürste, alt,	[braɪ̯t], [ˈbʏrstə], [alt],	[braːt], [ˈbiːrʃtn̩],[ålt],	
	spät, Obacht,	[ʃpɛːt], [ˈoːbaxt],	[ʃpɔːt], [ˈoːbåxt],	
	Höchstes, erste,	[ˈhøːçstəs], [ˈeːɐ̯stə],	[ˈhɛːçstəs], [ˈerʃtə],	
	Trauung, hört,	[ˈtrauʊŋ], [høːrt],	[ˈtrauʊŋ], [hɛːrt],	
	möchte, siehst,	[ˈmœçtə], [ziːst],	[mɛçt], [ziːkst],	
	bedeutet, heute,	[bəˈdɔɪ̯tət], [ˈhɔɪ̯tə],	[bəˈdaitət], [ˈhait],	
	flüchten, Freitag,	[ˈflʏçtn̩], [ˈfraɪ̯taːk],	[ˈflɪçtn̩], [ˈfraitåːk],	
	tragen, wirft,	[ˈtraːgn̩], [vɪrft],	[ˈtråːgn̩], [vɛrft],	
	passt, Geist,	[past], [gaist],	[bast], [gåst],	
	Gerste, Stiefel,	[ˈgɛrstə], [ˈʃtiːfl̩],	[ˈgɛrʃtn̩], [ˈʃtiːvl̩n],	
	bitteschön,	[ˈbɪtəʃøːn],	[ˈbɪtʃɛːn],	
	Frühstück	[ˈfryːʃtʏk]	[ˈfrruːʃtʊk]	

Tabelle 44: Plosiv [t]

Phon	normierte Schreibweise	Standarddeutsch	Zipser-Deutsch	Differenz
[k]	Kühe, Chor, kommt, küss, Kreuz, Kinder, kommen, kehren, können, Kirche, zurück, Schinken, Trinker, möglich, unmöglich, Traktor, Zucker, Chemikalien, trockenen, Sonntag, Freitag, wächst, sagt, Frühstück, Grundstück, Stück	['ky:ə], [ko:ɐ̯], [kɔmt], [kʏs], [krɔyʦ], ['kɪndɐ], ['kɔmən], ['ke:rən], ['kœnən], ['kɪrçə], [ʦu:'rʏk], ['ʃɪŋkn̩], ['trɪŋkɐ], ['mø:klɪç], ['ʊnmø:klɪç], ['trakto:ɐ̯], ['ʦʊkɐ], ['çemi'ka:li̯ən], ['trɔkənən], ['zɔnta:k], ['fraita:k], [vɛkst], [za:kt], ['fry:ʃtʏk], ['grʊntʃtʏk], [ʃtʏk]	[ki:], [ko:r], [kʊmt], [kis], [kraiʦ], ['kindər], ['kʊmən], ['kɛ:rən], ['kinan], ['krçn̩], [ʦu:'ruk], ['ʃʊŋkn̩], ['trɪŋkər], ['mɛ:klɪç], ['ʊnmɛ:klɪç], ['trakto:r], ['ʦʊkər], [kemi'ka:li̯ən], ['trʊkənən], ['sʊnta:k], ['fraitâ:k], [våkst], zå:kt], ['frru:ʃtʊk], ['grʊntʃtʊk], [ʃtʊk]	keine
	Bettzeug, melken	['bɛt͵ʦɔyk], ['mɛlkn̩]	['bɛt͵ʦaiç], ['mɛlçn̩]	[k] → [ç]

Tabelle 45: Plosiv [k]

Phon	normierte Schreibweise	Standarddeutsch	Zipser-Deutsch	Differenz
[f]	Frühe, fünfzig, von, Vater, Fleisch, für, Feuer, viele, fünf, füttern, Vorhang, flüchten, versorgen, fahren, verschiedene, Feile, Freitag, führen, Friseur, Frühstück, helfen, zwölf, Seife, wirft, einfrieren, gelaufen, dürfen, aufnehmen, Dorf	[fry:ə], ['fʏnftsɪç], [fɔn], ['fa:tɐ], [flaiʃ], [fy:ɐ], ['fɔyɐ], ['fi:lə], [fʏnf], ['fʏtɐn], ['fo:ɐˌhaŋ], ['flʏçtn̩], [fɛɐ'zɔrgn̩], ['fa:rən], [fɛɐ'ʃi:dnə], ['failə], ['fraita:k], ['fy:rən], [fri'zø:ɐ], ['fry:ʃtʏk], ['hɛlfn̩], [tsvœlf], ['zaifə], [vɪrft], ['ainˌfri:rən], [gə'laufn̩], ['dʏrfn̩], ['aufˌne:mən], [dɔrf]	[fru:], [fʊftsɪç], [fɔn], ['fɔtər], [fla'iʃ], [fɛ:r], ['faiər], ['fi:li], ['finfə], ['fɪtərn], ['fi:rˌhaŋ], ['flɪçtn̩], [fɛr'zorgn̩], ['fà:rən], [fɛr'ʃi:dɛnə], ['fa:l], ['fraitå:k], ['fi:rən], [fri'zø:r], ['frru:ʃtʊk], ['hɛ:lfn̩], [tsvɛlf], ['za:fn̩], [vɛrft], ['ainˌfrɛ:rən], [gə'lofn̩], ['dɛ:rfn̩], ['aufˌnɛ:mən], [dɔrf]	keine
	Stiefel	['ʃti:fl̩]	['ʃti:vl̩n]	[f] → [v]
	Hafer	['ha:fɐ]	['hà:bər]	[f] → [b]

Tabelle 46: Frikativ [f]

Phon	normierte Schreibweise	Standarddeutsch	Zipser-Deutsch	Differenz
[v]	Wiedersehen, was, Wein, Wasser, war, weiter, wächst, weich, Wald, wirft, Waschmaschine, Würste, Schweine, schwache, zwölf, Zwiebeln, servus, Zwetschgen, Presswurst	['vi:dɐze:ən], [vas], [vain], ['vasɐ], [va:ɐ̯], ['vaitɐ], [vɛkst], [vaiç], [valt], [vɪrft], ['vaʃma'ʃi:nə], ['vʏrstə], [ʃvainə], ['ʃvaxə], [t͜svœlf], ['t͜svi:bl̩n], ['zɛrvʊs], ['t͜svɛt͜ʃgn̩], ['prɛs͜vʊrst]	[vi:dɐzən], [vås], [va'in], [våsər], [vå:r], ['vaitər], [våkst], [va:x], [vålt], [vɛrft], ['våʃma'ʃi:n], [virʃt], [ʃva'inə], ['ʃvåxə], [t͜svɛlf], [t͜svi:vl̩n], ['zɛrvus], ['t͜svəʃbn̩]/['t͜svɛʃbn̩], ['brɛs͜vʊrʃt]	keine

Tabelle 47: Frikativ [v]

Phon	normierte Schreibweise	Standarddeutsch	Zipser-Deutsch	Differenz
[s]	Saison, Ostern, was, das, grüß, küss, machst, ist, siehst, passt, Geist, wächst, großen, Wasser, größeres, Gasse, Abendessen, Höchstes, Bus, Gras, gutes, servus	[sɛ'zõ:], ['o:stɐn], [vas], [das], [gry:s], [kʏs], [maxst], [ɪst], [zi:st], [past], [gaist], [vɛkst], ['gro:sn̩], ['vasɐ], ['grø:sɐrəs], ['gasə], ['a:bn̩t͜ɛsn̩], ['hø:çstəs], [bʊs], [gra:s], ['gu:təs], ['zɛrvʊs]	[sɛ'zɔ:n], ['o:stərn], [vås], [dɛs], [gri:s], [kis], [måxst], [ɪs], [zi:kst], [bast], [gåst], [våkst], ['gro:sən], [våsər], ['grɛ:sərəs], ['gåsn̩], ['å:bn̩t͜ɛsn̩], ['hɛ:çstəs], [bʊ:s], [gro:s], ['ku:təs], ['zɛrvus]	keine
	erst, Würste, Bürste, erste, Gerste, Presswurst, anders	[e:ɐ̯st], ['vʏrstə], ['bʏrstə], ['e:ɐ̯stə], ['gɛrstə], ['prɛs͜vʊrst], ['andɐs]	[ɛrʃt], [virʃt], ['bi:rʃtn̩], ['ɛrʃtə], ['gɛrʃtn̩], ['brɛs͜vʊrʃt], ['an͜dərʃ]/['andərʃt]	[s]→[ʃ]
	Sommer	['sɔmɐ]	['zʊmər]	[s]→[z]

Tabelle 48: Frikativ [s]

127

Phon	normierte Schreibweise	Standarddeutsch	Zipser-Deutsch	Differenz
[z]	Salat, Suppen, Sonne, servus, Sommer, Seife, Salz, Saison, sehen, sagt, siehst, Saum, Sachen, Wiedersehen, versorgen, Petersilie, Friseur	[za'la:t], ['zʊpn̩], ['zɔnə], ['zɛrvʊs], ['zɔmɐ], ['zaifə], [zalt͡s], [sɛ'zõ:], [ze:ən], [za:kt], [zi:st], [zaum], ['zaxn̩], ['vi:dɐze:ən], [fɛɐ̯'zɔrgn̩], [petɐ'zi:liə], [fri'zø:ɐ̯]	[za'lå:d], ['zʊpn̩], ['zʊnən], ['zɛrvus], [zʊmər], ['za:fn̩], [zålt͡s], [sɛ'zɔ:n], ['zɛ:gn̩], [zå:kt], [zi:kst], [za:m], ['zåxən], [vi:dɐzən], [fɛr'zorgn̩], [pɛtər'zi:l], [fri'zø:r]	keine
	Sonntag, zu Hause	['zɔnta:k], [t͡su 'hauzə]	['sʊnta:k], [t͡su 'haus]	[z] → [s]
	Sense	['zɛnzə]	['zɛnsn̩]	im Anlaut keine; Auslaut [z] → [s]

Tabelle 49: Frikativ [z]

128

Phon	normierte Schreibweise	Standarddeutsch	Zipser-Deutsch	Differenz
[ʃ]	Schinken, schön, Schmalz, Schweine, Sprache, spät, schwache, Stück, Schlitten, Stiefel, Schraubenzieher, Grundstück, Frühstück, zerschnitten, bitteschön, Waschmaschine, verschiedene, Tisch, Fleisch, Damhirsch, technisch	[ˈʃɪŋkn̩], [ʃøːn], [ʃmalts], [ʃvainə], [ˈʃpraːxə], [ʃpɛːt], [ˈʃvaxə], [ʃtʏk], [ˈʃlɪtn̩], [ˈʃtiːfl̩], [ˈʃraubn̩tsiːɐ], [ˈɡrʊntˌʃtʏk], [ˈfryːʃtʏk], [tsɛɐ̯ˈʃnɪtn̩], [ˈbɪtəʃøːn], [ˈvaʃmaˌʃiːnə], [fɛɐ̯ˈʃiːdnə], [tɪʃ], [flaɪʃ], [ˈdamhɪrʃ], [ˈtɛçnɪʃ]	[ˈʃʊŋkn̩], [ʃɛːn], [ʃmålts], [ʃvaˈinə], [ˈʃbråːx], [ʃpɔːt], [ˈʃvåxə], [ʃtʊk], [ˈʃliːdn̩], [ˈʃtiːvl̩n], [ˈʃrauvəntsiːɡər], [ˈɡrʊntˌʃtʊk], [ˈfrruːʃtʊk], [tsɛɐ̯ˈʃniːdn̩], [ˈbɪtʃɛːn], [ˈvåʃmaˌʃiːn], [fɛrˈʃiːdɛnə], [dɪʃ], [flaˈɪʃ], [ˈdamhɪrʃ], [ˈdɛçnɪʃ]	keine
	spezial	[ʃpeˈtsi̯aːl]	[speˈtsi̯aːl]	[ʃ]→[s]

Tabelle 50: Frikativ [ʃ]

Phon	normierte Schreibweise	Standarddeutsch	Zipser-Deutsch	Differenz
[ç]	Kirche, möchte, Büchern, Rechen, Höchstes, flüchten, technisch, Milch, fünfzig, möglich, unmöglich	['kɪrçə], ['mœçtə], ['byːçɐn], ['reçn̩], ['høːçstəs], ['flʏçtn̩], ['teçnɪʃ], [mɪlç], ['fʏnftʂɪç], ['møːklɪç], ['ʊnmøːklɪç]	['kɪrçn̩], [mɛçt], ['biːçɐn], ['rɛːçn̩], ['hɛːçstəs], ['flɪçtn̩], ['dɛçnɪʃ], [mɪlç], [fʊftʂɪç], ['mɛːklɪç], ['ʊnmɛːklɪç]	keine
	Chemikalien, nichts, Honig	['çemiˈkaːli̯ən], [nɪçts], ['hoːnɪç]	[kemiˈkaːli̯ən], [nɪks], ['hɛːnɪk]/['høːnɪk]	[ç]→[k]
	weich	[vai̯ç]	[vaːx]	[ç]→[x]
	nicht	[nɪçt]	[nɪt]	kein [ç] vorhanden
[x]	machst, Nacht, Bach, Sprache, schwache, Sachen, Tochter, Obacht	[maxst], [naxt], [bax], ['ʃpraːxə], ['ʃvaxə], ['zaxn̩], ['tɔxtɐ], ['oːbaxt]	[måxst], [nåxt], [båx], [ʃbråːx], ['ʃvåxə], ['zåxən], ['dɔxtɐ], ['oːbåxt]	keine

Tabelle 51: Frikative [ç], [x]

Phon	normierte Schreibweise	Standarddeutsch	Zipser-Deutsch	Differenz
[h]	Hühner, Hafer, Hand, hören, Heu, Vorhang, helfen, hier, zu Hause, Holz, Honig, Höchstes, Hölle, heute, Hörner, hoher, hüpfen, Damhirsch, hört, Unterhaltung	['hy:nɐ], ['ha:fɐ], [hant], ['hø:rən], [hɔy], ['fo:ɐ̯ˌhaŋ], ['hɛlfn̩], [hi:ɐ̯] [tsu 'hauzə], [hɔlts], ['ho:nɪç], ['hø:çstəs], ['hœlə], ['hɔytə], ['hœrnɐ], ['ho:ɐ], ['hypfn̩], ['damhɪrʃ], [hø:rt], [ʊntɐ'haltʊŋ]	['hɛ:nər], ['hå:bər], [hant], ['hɛ:rən], [hai̯], ['fi:rˌhaŋ], ['hɛ:lfn̩], [hi:r], [tsu 'haus], [hou̯lts], ['hɛ:nɪk]/['hø:nɪk], ['hɛ:çstəs], ['hɛl], ['hait], ['hɛrnər], ['ho:xər], ['hʊpfn̩], ['damhɪrʃ], [hɛ:rt], [ʊntər'håltʊŋ]	keine
	gehabt	[gə'ha:pt]	[kåpt]	kein [h] vorhanden

Tabelle 52: Frikativ [h]

Phon	normierte Schreibweise	Standarddeutsch	Zipser-Deutsch	Differenz
[pf]	Topf, Pferde, hüpfen	[tɔpf], ['pfe:ɐ̯də], ['hypfn̩]	[dɔpf], [pfɛ:rdə], ['hʊpfn̩]	keine
[tʃ]	Deutschland, deutsch, Peitsche,	['dɔytʃlant], [dɔytʃ], ['pai̯tʃə]	['dai̯tʃlant], [dai̯tʃ], ['bai̯tʃn̩]	keine
	Zwetschgen	['tsvɛtʃgn̩]	['tsvəʃbn̩]/['tsvɛʃbn̩]	[tʃ] → [ʃ]

Tabelle 53: Affrikaten [pf], [tʃ]

131

Phon	normierte Schreibweise	Standarddeutsch	Zipser-Deutsch	Differenz
[ʦ]	zurück, zu, Zucker, zerschnitten, Zwetschgen, Zwiebeln, zwölf, ziehen, fünfzig, putzen, Pilze, spezial, Panzer, Bettzeug, Sommerzeit, Schraubenzieher, Schmalz, Salz, Holz, Kreuz	[ʦuːˈrʏk], [ʦu], [ˈʦʊkɐ], [ʦɛɐ̯ˈʃnɪtn̩], [ˈʦveʧɡn̩], [ˈʦviːbl̩n], [ʦvœlf], [ʦiːn], [ˈfʏnfʦɪç], [pʊʦn̩], [ˈpɪlʦə], [ʃpeˈʦiaːl], [ˈpanʦɐ], [ˈbɛtˌʦɔy̯k], [ˈʦɔmɐˌʦait], [ˈʃraubn̩ʦiːɐ], [ʃmalʦ], [zalʦ], [hɔlʦ], [krɔyʦ]	[ʦuːˈruk], [ʦu], [ˈʦʊkər], [ʦɛɐ̯ˈʃniːdn̩], [ˈʦvəʃbn̩]/[ˈʦvɛʃbn̩], [ˈʦviːvl̩n], [ʦvɛlf], [ˈʦiːgn̩], [fʊfʦɪç], [buʦn̩], [ˈbɪlʦn̩], [speˈʦiaːl], [ˈbanʦər], [ˈbɛtˌʦaiç], [ˈʦɔmərˌʦait], [ˈʃrauvəntʦiːgər], [ˈʃmålʦ], [zålʦ], [houlʦ], [kraiʦ]	keine
	nichts	[nɪçʦ]	[nɪks]	[ʦ] → [s]

Tabelle 54: Affrikate [ʦ]

132

Phon	normierte Schreibweise	Standarddeutsch	Zipser-Deutsch	Differenz
[j]	Jahre, jäten	[ˈjaːrə], [ˈjɛːtn̩]	[jaːr], [ˈjɛːdn̩]	keine
[m]	Milch, Mehl, Meer, Mama, machst, Mutter, melken, möchte, Mühle, Müller, möglich, unmöglich, Saum, Schmalz, Damhirsch, Sommer, genommen, Sommerzeit, kommt, kommen, Baum, aufnehmen, Name, Bäume, Waschmaschine, Chemikalien	[mɪlç], [meːl], [meːɐ̯], [ˈmama], [maxst], [ˈmʊtɐ], [ˈmɛlkn̩], [ˈmœçtə], [ˈmyːlə], [ˈmʏlɐ], [ˈmøːklɪç], [ˈʊnmøːklɪç], [zaum], [ʃmalts], [ˈdamhɪrʃ], [ˈzɔmɐ], [gəˈnɔmən], [ˈzɔmɐˌtsait], [kɔmt], [ˈkɔmən], [baum], [ˈaufˌneːmən], [ˈnaːmə], [ˈbɔymə], [ˈvaʃmaˈʃiːnə], [ˈçemiˈkaːli̯ən]	[mɪlç], [mɛːl], [mɛːr], [ˈmama], [måxst], [ˈmʊtər], [ˈmɛlçn̩], [mɛçt], [ˈmiːl], [ˈmiːlnər], [ˈmɛːklɪç], [ˈʊnmɛːklɪç], [zaːm], [ʃmåltʃ], [ˈdamhɪrʃ], [zʊmər], [ˈgnʊmən], [ˈzɔmərˌtsait], [kʊmt], [ˈkʊmən], [baːm], [ˈaufˌnɛːmən], [ˈnåːmə], [ˈbaːmən], [ˈvåʃmaˈʃiːn], [kemiˈkaːli̯ən]	keine

Tabelle 55: Approximant [j] und Nasal [m]

133

Phon	normierte Schreibweise	Standarddeutsch	Zipser-Deutsch	Differen
[l]	lieber, Leute, alt, Eltern, alleine, flüchten, Schlitten, Fleisch, Salat, helfen, melken, Deutschland, gelaufen, möglich, unmöglich, viele, Mühle, Müller, Petersilie, Feile, Chemikalien, Pilze, viele, Hölle, Unterhaltung, zwölf, Milch, Schmalz, Holz, Salz, Wald, Öl, Mehl, überall, spezial	['liːbɐ], ['lɔytə], [alt], ['ɛltɐn], [a'lainə], ['flʏçtn̩], ['ʃlɪtn̩], [flaiʃ], [za'laːt], ['hɛlfn̩], ['mɛlkn̩], ['dɔytʃlant], [gə'laufn̩], ['møːklɪç], ['ʊnmøːklɪç], ['fiːlə], ['myːlə], ['mʏlɐ], [petɐ'ziːli̯ə], ['failə], ['çemi'kaːli̯ən], ['pɪltsə], ['fiːlə], ['hœlə], [ʊntɐ'haltʊŋ], [tsvœlf], [mɪlç], [ʃmalts], [hɔlts], [zalts], [valt], [øːl], [meːl], [y:bɐ'al], [ʃpe'tsi̯aːl]	['liːbər], [lait], [ålt], ['ɛltərn], [a'laːnə], ['flɪçtn̩], ['ʃliːdn̩], [fla'iʃ], [za'låːd], ['hɛːlfn̩], ['mɛlçn̩], ['daiʃlant], [gə'lofn̩], ['mɛːklɪç], ['ʊnmɛːklɪç], ['fiːli], ['miːl], ['miːlnər], [pɛtər'ziːl], ['faːl], [kemi'kaːli̯ən], ['bɪltsn̩], ['fiːli], ['hɛl], [ʊntər'håltʊŋ], [tsvɛlf], [mɪlç], [ʃmålts], [hoults], [zålts], [vålt], [ɛːl], [meːl], ['iːbər,al], [spe'tsi̯aːl]	keine
[l̩]	Zwiebeln, Gabel, Stiefel	['tsviːbl̩n], ['gaːbl̩], ['ʃtiːfl̩]	[tsvi:vl̩n], ['gåːbl̩], ['ʃti:vl̩n]	keine

Tabelle 56: Laterale [l], [l̩]

134

Phon	normierte Schreibweise	Standarddeutsch	Zipser-Deutsch	Differenz
[n]	Nacht, neu,	[naxt], [nɔy],	[nåxt], [nai̯],	keine
	nichts, nicht,	nɪçts̩], [nɪçt],	[nɪks], [nɪt],	
	neun,	[nɔyn],	['nai̯nə],	
	anders,	['andɐs],	['an˛dərʃ]/['andərʃt],	
	Eltern, Sonntag,	['ɛltɐn], ['zɔntaːk],	['ɛltərn], ['sontaːk],	
	Hühner, Sense,	['hyːnɐ], ['zɛnzə],	['hɛːnər], ['zɛnsn̩],	
	Panzer, Sonne,	['pantsɐ], ['zɔnə],	['bantsər], ['zonən],	
	ohne, Kinder,	['oːnə], ['kɪndɐ],	['oːni], ['kindər],	
	Donner,	['dɔnɐ],	['donɐ],	
	Unterhaltung,	[ʊntɐ'haltʊŋ],	[ʊntər'håltʊŋ],	
	unmöglich,	['ʊnmøːklɪç],	['ʊnmɛːklɪç],	
	trockenen,	['trɔkənən],	['trokənən],	
	Honig,	['hoːnɪç],	['hɛːnɪk]/['høːnɪk],	
	Waschmaschine,	['vaʃma'ʃiːnə],	['våʃma'ʃiːn],	
	alleine,	[a'lai̯nə],	[a'laːnə],	
	verschiedene,	[fɛɐ̯'ʃiːdnə],	[fɛr'ʃiːdɛnə],	
	technisch,	['tɛçnɪʃ],	['dɛçnɪʃ],	
	Hörner,	['hœrnɐ],	['hɛrnər],	
	Schweine,	[ʃvai̯nə],	[ʃva'inə],	
	Hand,	[hant],	[hant],	
	Deutschland,	['dɔytʃlant],	['dai̯ʃlant],	
	fünf,	[fʏnf],	['finfə],	
	Grundstück, grün,	['grʊntʃtʏk], [gryːn],	['grʊntʃtok], [griːn],	
	Büchern, können,	['byːçɐn], ['kœnən],	['biːçɐn], ['kinan],	
	kehren,	['keːrən],	['kɛːrən],	
	hören, Wiederse-	['høːrən],['viːdɐzeːən],	['hɛːrən], [viːdɐzən],	
	hen, schön,	[ʃøːn],	[ʃɛːn],	
	von, Wein, bin,	[fɔn], [vai̯n], [bɪn],	[fɔn], [va'in], [bɪn],	
	kommen,	['kɔmən],	['kʊmən],	
	Ostern,	['oːstɐn],	['oːstərn],	
	Chemikalien	['çemi'kaːli̯ən],	[kemi'kaːli̯ən]	

Tabelle 57: Nasal [n] I

Phon	normierte Schreibweise	Standarddeutsch	Zipser-Deutsch	Differenz
[n]	einfrieren, tun, füttern, gegangen, aufnehmen, genommen, führen, fahren, bitteschön	['ainˌfriːrən], [tuːn], ['fʏtɐn], [gə'gaŋən], ['aufˌneːmən], [gə'nɔmən], ['fyːrən], ['faːrən], ['bɪtəʃøːn]	['ainˌfrɛːrən],[duːn], ['fɪtərn], ['gåŋən], ['aufˌnɛːmən], ['gnʊmən], ['fiːrən], ['fåːrən], ['bɪtʃɛːn]	keine
	fünfzig	['fʏnftsɪç]	[fʊftsɪç]	Elision
	sehen, ziehen	[zeːən], [tsiːn]	['zɛːgn̩], [tsiːgn̩]	[n]→[n̩]

Tabelle 58: Nasal [n] II

Phon	normierte Schreibweise	Standarddeutsch	Zipser-Deutsch	Differenz
[n̩]	Schinken, drüben, Rechen, Garten, Zwetschgen, Zwiebeln, Suppen, putzen, helfen, Abendessen, dürfen zerschnitten, tragen, versorgen, flüchten, gelaufen, melken, Schlitten, jäten, Reifen, hüpfen	['ʃɪŋkn̩], ['dryːbn̩], ['reçn̩], ['gartn̩], ['tsvɛtʃgn̩], ['tsviːbl̩n], ['zʊpn̩], [pʊtsn̩], ['hɛlfn̩], ['aːbn̩tˌɛsn̩], ['dʏrfn̩], [tsɛɐ'ʃnɪtn̩], ['traːgn̩], [fɛɐ'zɔrgn̩], ['flʏçtn̩], [gə'laufn̩], ['mɛlkn̩], ['ʃlɪtn̩], ['jeːtn̩], ['raifn̩], ['hʏpfn̩]	['ʃʊŋkn̩], ['drəbn̩], ['rɛːçn̩], ['gårtn̩], ['tsvaʃbn̩]/['tsvɛʃbn̩], [tsviːvln̩], ['zʊpn̩], [butsn̩], ['hɛːlfn̩], ['åːbn̩tˌɛsn̩], ['dɛːrfn̩], [tsɛɐ'ʃniːdn̩], ['tråːgn̩], [fɛr'zorgn̩], ['flɪçtn̩], [gə'lofn̩], ['mɛlçn̩], ['ʃliːdn̩], ['jeːdn̩], ['raːfn̩], ['hʊpfn̩]	keine
	großen, Sachen	['groːsn̩], ['zaxn̩]	['groːsən], ['zåxən]	[n̩]→[ən]
[ŋ]	Schinken, Trinker, gegangen, Unterhaltung, Vorhang, Trauung	['ʃɪŋkn̩], ['trɪŋkɐ], [gə'gaŋən], [ʊntɐ'haltʊŋ], ['foːɐˌhaŋ], ['trauʊŋ]	['ʃʊŋkn̩], ['trɪŋkər], ['gåŋən], [ʊntər'håltʊŋ], ['fiːrˌhaŋ], ['trauʊŋ]	keine

Tabelle 59: Nasale [n̩], [ŋ]

136

Anhang 2: Tabellen Lexik

Zipser-Deutsch	Übersetzung/Bedeutung	Etymologie
Affina/Jaffina	‚Heidelbeere'	rum. *afină*, ung. *áfonya*
Ägresch	‚Stachelbeere'	*Egretscherl* im Burgenland, rum. *agrişă*, ung. *egres*
Alpakascher	konnte keine ermittelt werden	?
Amper	‚Eimer'	im Burgenland: *Amper*
Äppeläppenj/ Äpfelläppenj	‚Apfelkuchen'	konnte nicht ermittelt werden
Barakkåmmer	‚Vorratskammer'	konnte nicht ermittelt werden
Bajusen	‚Bart'	konnte nicht ermittelt werden
Bårfin	*Parfüm*	nur aussprachliche Abwandlung
Batschi	‚Onkel' (auch als ‚Herr' gebraucht)	ung. *bácsi*
behtzn	‚veredeln' (Bäume)	im Burgenland: *pölzn*
Blehtschn	‚Laub'	bei Gehl: *Bletschn* für 'großes Blatt ', österr.
Blewer	‚Heublumen'	konnte nicht ermittelt werden
Bocherei	‚Backwaren'	bei Gehl: *Bocherei*
Boganseln/ Bogansen	‚Brötchen'	bei Gehl: *Pogatsche*, südslawische Herkunft, slowenisch *pogáča*

Tabelle 60: Lexik A-BO

137

Zipser-Deutsch	Übersetzung/Bedeutung	Etymologie
Brinsen	‚Schafskäse'	bei Gehl: *Brinse,* tsch. *brynza,* rum. *brânză*
brunsen	‚urinieren'	im Burgenland: *brunzn*
Bub	‚Junge'	bei Gehl: südd. und österr. *Bub*
Buchtln	‚Germklöße' (im Ofen gebacken)	tsch. *buchty,* ung. *bukta*
Buiken/Puiken	‚Küken'	rum. *pui*
Burean	‚Unkraut'	rum. *buruiană,* slk. *burina*
Burkan	‚Einmachglas'	rum. *borcan*
Butalie/Butelie	‚Gasflasche'	rum. *butelie*
Dudli/Dudeli	‚Schnuller'	im Burgenland: *Dutterl,* ung. *didli,* tsch. *dudlík*
Dunka/Tunka	‚Soße', ‚Suppe'	wahrscheinlich von *tunken*
enk	‚euch'	im Burgenland: *enk*
Faschiertes	‚Hackfleisch'	slk. *fašírka*
Fleischhåcker	‚Metzger'	bei Gehl: bair.-österr. *Fleischhacker*
Felodoi	‚Hauptgang'/‚zweiter Gang'	rum. *Felul doi*
Fotbållbeier	‚Fußballplatz'	ung. *futballpálya*
Fradschelie	‚Wohnzimmer'/‚Empfangszimmer'	evtl. abgeleitet von *fratscheln,* bei Gehl: 'tratschen', 'verkaufen', bei Lăzărescu/Scheuringer: bair. *ausfra(t)scheln*
Frischidehren	‚Kühlschrank'	rum. *frigider*

Tabelle 61: Lexik BR-F

Zipser-Deutsch	Übersetzung/Bedeutung	Etymologie
Gånhauser	‚Gänserich'	bei Gehl: *Ganauser*
gelbe Ruben	‚Karotten'	bei Gehl: *Gelberübe*, wahrscheinlich aus dem Pfälzischen
Gelsn	‚Stechmücke'	bei Gehl: *Gelse*, Österreichisch von bair. *gellen*
Gerschtalsuppe/ Gerschtensuppe	Suppe aus Graupen mit Beilagen	bei bei Lăzărescu/Scheuringer: bair. *Gerstelsuppe*
Gerschterln	‚Kirschen'	im Burgenland: *Keaschtn*
Glutschka	‚Glucke'	rum. *cloşcă*
Godschahn	‚Kerngehäuse' (beim Apfel)	konnte nicht ermittelt werden
Gombozn	‚Mehlknödel'/ ‚Zwetschgenknödel'	bei Gehl: *Gomboz*; ung. *gombóc*
Goschn	‚Mund' (abfällig)	bei Grimm: obd. und md. *Gosche, Goschn*
Gramet	Gras, das nach dem ersten Mähen nachwächst	bei Gehl: *Grummet* von mhd. *grüenmāt, grummat*
Grint	‚Kruste' (bei Wunde)	im Burgenland: *Grind*
Grumpern/Krumpern	‚Kartoffeln'	bei Gehl: *krumpir*, im Burgenland: *Grumpan*
Gwelp	‚Geschäft'	bei Gehl: *gvelbe*, ursprünglich von *Gewölbe/Gwölbe*

Tabelle 62: Lexik G

Zipser-Deutsch	Übersetzung/Bedeutung	Etymologie
Hahm	‚Zaumzeug' (Pferd)	konnte nicht ermittelt werden
Haluschkn/Haluschkern	‚Grießklöße'	rum. *găluşcă*
Hetscher-Betscher	‚Hagebutten'	im Burgenland: *Hetschpetsch*
heuer	‚dieses Jahr'	im Burgenland: *heier*, südd.
Hewamin	‚Hebamme'	bei Gehl: *Hevamin*, ahd. *hevian(n)a, hevanna, hevamma*
Hohler	‚Holunder'	bei Gehl: *Holer*, mhd. *holder*, österr. *Holler*

Tabelle 63: Lexik H

Zipser-Deutsch	Übersetzung/Bedeutung	Etymologie
Jänner	‚Januar'	bei Grimm: südd. Form *Jänner/Jenner*
Jausn	‚Zwischenmahlzeit'	bei Lăzărescu/Scheuringer: österr. *Jause*

Tabelle 64: Lexik J

140

Zipser-Deutsch	Übersetzung/Bedeutung	Etymologie
Kålich	‚Kalk'	bei Gehl: *kålliç* für OW, rum. *calciu*
Kamerådn	'Freunde'	bei Gehl: *Kamerad*, ohne weitere Etymologie
Kasahn	‚Kessel'	rum. *cazan*, ung. *kazán*
Kasska	‚Geschichte' / ‚Märchen'	bei Gehl: *Kasska* aus slawischer, wahrscheinlich ruthenischer Quelle
klauben	'pflücken'	bei Gehl: *klauben* hier mit bair.-österr. Bedeutung
Knowern	‚Knoblauch'	bei Gehl: *Knofel* als österr. dialektal, im Burgenland: *Knoufl*
Kjuwetta	‚Spülbecken'	rum. *chiuvetă*
Kokoschn	‚Hahn'	rum. *cocoș*, ung. *kakas*, im Burgenland: *Gogosch*
Kokurus	‚Mais'	bei Gehl: *Kukuruz*, stammt vom türkisch-slawischen ab; vom serbischen *kukuruc* entlehnt, ung. *kukorica*, im Burgenland: *Gugariz*
Kotzen	‚Teppich'/‚Läufer'	bei Lăzărescu/Scheuringer: österr. *Kotze* für 'grobe Wolldecke'
Kremseln	‚Kartoffelpuffer'	nach Ilk: von Juden vom Wassertal so genannt[266]
Kucherl	‚Küche'	bei Gehl: Kuchl, aus dem bair.-österr., im Burgenland: *Kuchl*

Tabelle 65: Lexik K

---

266 Vgl.: Ilk, Anton-Joseph. 2016. S. 126.

Zipser-Deutsch	Übersetzung/Bedeutung	Etymologie
Låkn	‚See‘	rum. *lac*
Langusch	(frittierter) ‚Flammku-chen‘/‚Krapfen‘	bei Gehl: *Langosch,* ung. *lángos*
Leckwahr	‚Marmelade‘	bei Gehl: als Kompositum von *leckerer Ware* abgeleitet, ins ung. als *lekvár* eingegangen, im Burgenland: *Lekwar*
Mågen	‚Mohn‘	bei Gehl: *Mag,* ahd. *mägen,* im Burgenland: *Mohgn*
Madl	‚Mädchen‘	bei Gehl: [maːdl], Diminutiv von *Magd*
mahdn	‚mähen‘	im Burgenland: *mahn*
Malai	Speise aus Maismehl/‚Maiskuchen‘	bei Gehl: *Malai,* aus dem rum. *mălai* (Maismehl)
Malina	‚Himbeeren‘	bei Gehl: *Malina,* ursprünglich von serbokroatisch *màlina,* tsch. *malina,* slk. *malina,* ung. *málna*
Meschda	‚Gründstücksgrenze‘	konnte nicht ermittelt werden
moring	‚morgen‘	österr. *moring*
Moschlek	‚Schweinefutter‘ (aus Essensresten, Kartoffelschalen und Getreide gekocht)	ung. *moslék* (‚Schweinefraß‘)
nahdn	‚nähen‘	im Burgenland: *nahn*
Norok	‚Prost‘	rum. *noroc*

Tabelle 66: Lexik L-N

Zipser-Deutsch	Übersetzung/Bedeutung	Etymologie
Obàcht	‚Achtung'	bei Gehl: unter *Obachtgeber*, südd. und österr., im Burgenland: *Ouwocht*
Obdjäre	‚Nachtkästchen'	rum. *noptieră*
Opera	‚Oper'	rum. *operă*
Ohtater/Ohtata	‚Opa'	von rum. *tată* (‚Vater')
Paradeis	‚Tomaten'	bei Gehl: von Paradiesapfel, auch ung. *paradicsom*, slk. *paradajka*
Pastkakorb	‚Osterkorb'	rum. *Paşte* (‚Ostern')
Ràsierer	‚Friseur'	im Burgenland: *Rasierer*
Reckerl/Reckel	‚Jacke'	von *Tschurak*, bei Gehl: ung. *csurak*
Reibfetzen	‚Putzlumpen/-tuch'	bei Lăzărescu/Scheuringer: österr. *Reibtuch/Reibfetzen*
Rewoluzie	‚Revolution'	rum. *revoluţie*
Ribisel	‚schwarze Johannisbeere'	bei Gehl: bair.-österr. *Ribisel*, im Burgenland: *Riwissl*
Rodel/Rodli	‚Schlitten'	bei Gehl: bair.-österr. *Rodel*
Runkeln	‚Futterrübe'	bei Lăzărescu/Scheuringer: bair.. *Runkel*

Tabelle 67: Lexik O-R

Zipser-Deutsch	Übersetzung/ Bedeutung	Etymologie
Sailentisuppn	‚saure Suppe'	im Burgenland: *seilat* (‚sauer')
salut	‚hallo' / ‚Gruß'	rum. *salut*
Scheibtrugl	‚Schubkarre'	bei Gehl: *Scheibtruhe*
Scherada	Gestell zum Heu-trocknen	konnte nicht ermittelt werden
Schifoner/Schiffonär	‚Kleiderschrank'	rum. *şifonier*
Schofför	‚Cheuffeur'/ ‚Fahrer'	rum. *şofer*
Schwammerl/ Schwammer-linge	‚Pilze'	bei Gehl: bair.-österr. *Schwammerl*
selchen	‚räuchern'	bei Gehl: südd., bair.-österr. *selchen*
starpa	‚unfruchtbar' (Kuh)	rum. *sterp* (‚unfruchtbar'), *stârpi* (‚ausrot-ten')
Stopper/Stoppel	‚Korken'	bei Gehl: *Stopfen,* im Burgenland: *stepsl*
Strauchen	‚Schnupfen'	österr. *Strauchen*
Subin	‚Kanthaken'	konnte nicht ermittelt werden
Tata	‚Vater'	rum. *tată*
Dockern/Tockern	‚Polenta'	bei Gehl: *Tokan,* rum. *tocană* (‚Ragout')
Trotoar/ Trotuar	‚Bürgersteig'	rum. *trotuoar*
Tschem	‚Marmelade'	bei Lăzărescu/Scheuringer: rum. *gem*
Tschirka	‚Krankenhaus'	konnte nicht ermittelt werden
Umurken	‚Gurken'	bei Gehl: österr. von polnisch *ogurek*
urgeln	‚heulen'/ ‚schreien'	konnte nicht ermittelt werden

Tabelle 68: Lexik S-U

Zipser-Deutsch	Übersetzung/Bedeutung	Etymologie
Wats	‚Weizen'	bei Gehl auch [vaːts], im Burgenland: *Woats*
Winete	‚Aubergine'	bei Gehl: rum. *vânătă*
wuhreln	‚wühlen'	bei Lăzărescu/Scheuringer: österr. *wurl(e)n*, im Burgenland: *wurln*
Wurbn	‚Wurm'/‚Würmer'	konnte nicht ermittelt werden
Zapp	‚Ziegenbock'	rum. *ţap*, slk. *cap*
Zichten	‚Sau'	konnte nicht ermittelt werden
Zirkularen	‚Kreissäge'	rum. *ferăstrău circular*
Zweschbe	‚Pflaume'	bei Gehl: *Zwetschke* aus dem süddeutschen Raum, im Burgenland: *Zweschbm*

Tabelle 69: Lexik W-Z

Anhang 3: Fragebogen und Formblätter

FORMBLATT

Aufnahmeort: Oberwischau

Signatur:

Explorator/in: Marian Brandel

Technik: Freies Gespräch/themenorientierte Fragen

Aufnahmedatum:

Kontaktpersonen:

Gewährspersonenverzeichnis:

Datum	Fragebogen-Nummer	Name der Gewährsperson	Umfrage im Internet?

PERSONALBLATT

Gewährsperson Nr.

1. Zuname, Vorname, evtl. Hofname:

2. Adresse, Telefon:

3. E-Mail-Adresse:

(Internetanschluss ja/nein, Möglichkeit Internet woanders zu nutzen?)

4. Geburtsjahr:

5. Geburtsort:

6. Aufgewachsen in:

7. Schulbildung, Berufsausbildung:

8. Beruf:

9. Längere auswärtige Aufenthalte (Orte, Dauer):

10. Herkunft des Vaters:

11. Herkunft der Mutter:

12. Wenn nicht mit 10. bzw. 11. aufgewachsen, Personen, die GP aufgezogen

haben (+ Herkunft):

13. Herkunft des Ehegatten:

14. Sprachkenntnisse:

15. Charakteristik der Gewährsperson:

Bitte beantworten Sie die folgenden Fragen so, wie Sie mit einem anderen Zipser sprechen würden. Bei Unklarheiten frage ich gegebenenfalls nach.

Für meine Studie lege ich Wert auf Datenschutz. Das heißt, ich werde Ihren Namen und Ihre persönlichen Daten in meiner Arbeit bei einer Veröffentlichung nicht nennen und werde diese auf Wunsch nachträglich auch löschen, sodass nur noch anonyme Daten gespeichert werden.

Bei den Fragen zu Gegenständen kommt es nicht auf die Produktmarke, sondern darauf an, wie der Gegenstand allgemein bezeichnet wird.

1.Floskeln im täglichen Umgang

1.1 Begrüßung
- Wie begrüßen Sie sich hier untereinander?
- Gibt es Unterschiede, wie man Freunde, Verwandte, Bekannte, Fremde oder Nicht-Zipser begrüßt?

1.2 Erkundigung nach dem Wohlbefinden des anderen bzw. Small-Talk
- Wie erkundigen Sie sich nach dem Wohlbefinden des anderen bzw. worüber unterhält man sich, wenn man jemanden zufällig auf der Straße trifft?

1.3 Wie verabschiedet man sich?
- Gibt es auch hier Unterschiede, wie man Freunde, Verwandte, Bekannte oder Fremde verabschiedet?

2. Essen und Trinken

2.1 Frühstück
- Was gibt es am Morgen zu essen und zu trinken?
  → Essen: Wurst/Käse am Morgen nur auf Brot?
  → Kennen Sie auch … ?

2.2 Mittagessen

- Was gibt es mittags zu essen und zu trinken?
- Was essen Sie mittags am liebsten?
  - → Kennen Sie auch … ?
- Was wird sonst häufig mittags gekocht?
  - → Können Sie mir zu Ihrem Lieblingsessen/… das Rezept sagen?
- Was essen Sie nach dem Hauptgang?

2.3 Abendessen

- Was gibt es abends zu essen und zu trinken?
  - → Kennen Sie auch …?

2.4 Kaffee und Kuchen

- Was gibt es nachmittags (zum Kaffee)?
- Backen Sie/Ihre Frau selbst oder wo kaufen Sie das Gebäck/den Kuchen/die Torte?
  - → Können Sie mir hier ein Backrezept sagen?
- Wie trinken Sie Ihren Kaffee? (Milch, Zucker, schwarz, etc.)

2.5 Sonstige Lebensmittel/Speisen/Kochen

- Was für Obst essen Sie?
- Was für Gemüse essen Sie?
- Was für Gewürze und Kräuter nutzen Sie?
- Was essen Sie an Weihnachten?
  - → Können Sie mir hier das Rezept sagen?
- Was essen Sie an Ostern?
  - → Können Sie mir hier das Rezept sagen?
- Was essen Sie bei Geburtstagsfeiern?
- Was gibt es bei anderen Feiern wie Stadtfesten?
- Was für Süßigkeiten essen Sie?
- Was für Gegenstände benutzen Sie zum Kochen?

3. Körperpflege

3.1 Gegenstände
- Was benutzen Sie, um Ihren Körper zu waschen?
- Was benutzen Sie, um Ihre Haare zu waschen?

3.2 Tätigkeiten
- Was machen Sie, bevor Sie ins Bett gehen?
  → und davor?

4. Haushalt

4.1 Tätigkeiten
- Welche Tätigkeiten gibt es im Haushalt?
  → wie gehen Sie/Ihre Frau vor?
  (z.B. - Wie gehen Sie vor, wenn Ihre Wäsche nicht mehr sauber ist?)

4.2 Gegenstände
- Womit waschen Sie Ihre Wäsche?
- Womit reinigen Sie Ihre Böden?
- Womit putzen Sie zu Hause?

5. Arbeit
5.1 Allgemein
- Als was arbeiten Sie/haben Sie gearbeitet?
- Wo arbeiten Sie/haben Sie gearbeitet?
- Arbeiten Sie mit anderen zusammen/ haben Sie zusammengearbeitet?

5.2 Speziell
- Wie sieht/sah ein üblicher Tag auf der Arbeit aus?
- was führen Sie auf der Arbeit für Tätigkeiten aus/haben ausgeführt?
- mit welchen Werkzeugen arbeiten Sie/haben gearbeitet?
- mit was für anderen Berufsgruppen/Menschen kommen/kamen Sie mit
  Ihrer Arbeit in Berührung?

6. Wohnen

- Wie ist Ihre Wohnung eingerichtet? (Böden/Wände/Decke)
- Was für Möbel haben Sie zu Hause?
- Schauen Sie fern?
- Hören Sie häufiger Radio?

7. Freizeit

7.1 Freizeit zu Hause
- Was machen Sie an einem freien Tag/in Ihrer Freizeit zu Hause?
- Was ist zu Hause Ihre Lieblingsaktivität?

7.2 Unternehmungen
- Welche Unternehmungen machen Sie?
- Gehen Sie wandern?
  → wohin und mit wem?
- Machen Sie Sport und wenn ja, was für einen?
  → Wo, mit wem, wann?
- Reisen Sie gerne und wohin fahren Sie? (Fahren Sie ans Meer? Fahren Sie in die Berge?)
  → Wie kommen Sie dorthin?

8. Tiere

- Welche Haustiere haben Sie?
  → Welche haben Sie?
  → Was fressen diese?
  → Haben diese irgendwelche besonderen Eigenschaften?
  → Wie nennt man das, wenn die Tiere ihre Geräusche machen?
  → Was für Geräusche machen sie?

9. Korrespondenz

- Wenn Sie einen Brief/eine E-Mail an Ihre Schwester/ Bruder/ Sohn/ Tochter/ Mutter/ Vater schreiben, wie beginnen Sie den Brief/ die E-Mail und wie beenden Sie ihn/sie?
- Wie beginnen und beenden Sie den Brief/ die E-Mail an Ihre Bekannten?
- Wie an Ihren Chef?

10. Kirche/Religion

- Wie schaut ein Kirchenbesuch bei Ihnen aus? Wie ist der Gottesdienst aufgebaut?
- In welcher Sprache findet die Messe statt?
- Was für Kirchenlieder singen Sie?

11. Sprichwörter

- Fallen Ihnen spontan Sprichwörter ein?
→ Themen: Hoffnung, wenn man nicht aufgeben soll, wenn es anders gekommen wäre ..., Liebe, Essen, Wetter (Bauernweisheiten)

Bei → handelt es sich um themenbezogene Nachfragen

Anhang 4: E-Mail von Alfred Fellner vom 29.03.2019

*- setzt sich das DRDF immer noch für den Erhalt der Deutschen Abteilung bzw.
des Kindergartens ein?*

Das DFDR setzt sich sehr für den Erhalt der Deutschen Abteilungen der Schulen
und Kindergärten ein. Das Forum Hermannstadt hat z.b. einen eigenen Kindergarten, der extrem begehrt ist.
Obwohl das deutsche Forum keine Autorität ist wie das Bildungsministerium o-
der das Schulinspektorat, nimmt es sich doch die Aufgabe, einzugreifen und mit-
zuhelfen wenn Bedarf ist, um die die deutsche Schulwesen zu sichern. Außerdem
pflegt das deutsche Forum die besten Beziehungen zum Konsulat und zu der
Botschaft. Wir haben einen Abgeordneten im rumänischen Parlament, Ovidiu
Gant, der dort unter anderem auch die schulischen Probleme vertritt.
Viele Foren bieten separaten Deutschunterricht an, oder Afterschool-Pro-
gramme, und viele andere Veranstaltungen, von denen die Schüler der deutschen
Abteilungen profitieren können.
In Oberwischau haben wir zu die ganzen Feste, St. Martin, Erntedankfest, Mut-
tertag, Kindertag, Weihnachtsfeier u.a. bei denen die Kinder aktiv mitgestalten.
Afterschool wird auch angeboten, so können die Kinder ihr Deutsch verbessern.
Für jegliche Probleme der deutschen Abteilung hier (und von denen gibt es ge-
nug), stehen wir ein und versuchen, sie zu lösen.

*- gibt es vom Forum aus noch weitere Gruppierungen als die Tanzgruppe und
die Jugendgruppe?*

Wir haben hier vor Ort zwei Tanzgruppen, Junioren und Senioren. Es gibt sowas
wie einen Kuchen-Backen-Klub - zu unseren Events backen die Frauen aus un-
sere Gemeinde Kuchen, den wir dann verkaufen und das Einkommen wohltäti-
gen Zwecken spenden oder andere unserer Kosten decken. Keine dieser Gruppen
sind eingetragenen Vereine. Sie treffen sich nur gelegentlich. Wir haben seit über
einem Jahr eine Redaktion und drucken eine Zeitung, 4 mal im Jahr, die ich leite.

*- Ist jetzt die Heimatortsgemeinschaft Oberwischau mit dem Verband der Sath-
marer Schwaben e.V. fusioniert?*

Ich sag dir nur, was ich weiß.

Die Oberwischauer Zipser hatten immer eine gute Verbindung zu den Sathmarer Schwaben (die meisten der Lehrkräfte, die im Laufe der letzten 200 Jahre hier unterrichtet haben, waren Schwaben). Nach der massiven Auswanderung nach Deutschland haben sie dort eine gemeinsame Organisation gegründet, die noch heute besteht, die oben von dir genannte.

Da aber später einige der oberwischauer Zipser das Gefühl hatten, dass sich diese Organisation mehr den Sathmarer widmen und weniger den Oberwischauer, hat sich ein Teil der Zipser getrennt und eine eigene Organisation gegründet, die ihren Sitz in Nürnberg hat (glaube ich). Jetzt gibt es also 2 Vereine, eine der Sathmarer+Oberwischauer und eine der Oberwischauer. Sämtliche Feste werden getrennt organisiert. Wir in Oberwischau halten nichts von dieser Trennung, aber ich muss gestehen, die einzige "Unterstützung", die wir aus Deutschland hatten, kam seitens des Vereines der Sathmarer Schwaben und der Oberwischauer Zipser.

- gibt es noch weitere Vereine der Zipser in Oberwischau bzw. für ausgewanderte Oberwischauer?

Nein.

- kann man auf Ämtern auch auf Deutsch sein Anliegen vorbringen?

Rein gesetzlich gesehen müsste man das können. Das ist aber nicht so. Es gibt keine, die Deutsch sprechen in den meisten Ämtern, und keine Dokumente auf Deutsch. (Um ehrlich zu sein, kommt man in rumänischen Ämtern auch mit Rumänisch nicht sehr weit).

- Inwieweit existiert der Kulturverein, den Dr. Ilk in seinem Buch über die Schulgeschichte erwähnt und was macht er bzw. was sind Veranstaltungen/Abteilungen etc.?

Ich geh davon aus, du meinst das Forum als Kulturverein, ein anderes ist mir nicht bekannt, es gibt auch kein anders.

Das grösste unserer Feste ist das Heimattreffen der Oberwischauer Deutschen, unter dem Motto "Droben im Wassertal", wird von allen Zipsertreff genannt. Besteht aus einer kulturellen Veranstaltung. Beinhaltet:
Blaskapelle
Tanzgruppen von hier und anderen Ortschaften, deutsche Gruppen
Kulturprogramm der Schul- und Kindergartenkinder
Abendunterhaltung
Fahrt ins Wassertal
Hl. Messe
Marsch durch die Stadt

Weihnachtsfest. - Klassisches Konzert, Glühwein und Kuchenstand (hausgemacht), lebende Krippe, Theateraufführungen der Schulkinder, Herodesspiel (die wohl älteste und wichtigste Tradition der Oberwischauer).

Erntedankfest, St. Martin, Kindertag, Faschingsfeier